de Groene Meisjes

LEKKER EN DUURZAAM ETEN, REIZEN, WONEN EN LEVEN

UITGEVERIJ BRANDT

AMSTERDAM 2015

COLOFON

Fotografie
Aline Bouma
www.alinebouma.nl

Met uitzondering van pp. 40-49, 53-85, 152-168
Merel Wildschut & Jamie van Zijl

Vormgeving & illustraties
Naomi den Besten
www.prettyunexpected.nl

Typografie
Tekst gezet in Bligh (Dalton Maag) en
Calluna Sans (Jos Buivenga)

Drukkerij
Printer Trento (Italië)

Locaties fotoshoots
Geitenwollenwinkel, Amsterdam
Het Kaufhaus, Amsterdam
Petit Village, Nijmegen
Sir Hummus, Amsterdam

ISBN 978-94-92037-27-5
NUR 444

FSC
www.fsc.org
MIX
Papier van verantwoorde herkomst
FSC® C015829

INHOUDSOPGAVE

HOE HET BEGON

Tijdens interviews krijgen we vaak de vraag hoe ons blog is ontstaan. Hoewel ons blog vier jaar geleden ontstond, hadden we eigenlijk al veel eerder het idee om een website te starten. Het was namelijk al jaren een hobby van ons om met Merels oude lila autootje (RIP) langs kringloopwinkels in Nederland en België te rijden. We dachten: als wíj altijd op zoek zijn naar nieuwe adressen, dan moet dat ook voor anderen gelden. We vatten het plan op om een kringloopblog te starten, maar dat gebeurde helaas nooit.

Toen we beide veganistisch gingen eten en op internet weinig tot geen leuke sites met lekkere recepten konden vinden, besloten we dat het nu echt tijd was om een eigen website te starten. De combinatie van veganistisch eten en kringloopwinkels leek ons heel logisch en zo werden de Groene Meisjes geboren.

Doordat we in de loop van de jaren onze interesses zijn gaan verbreden naar praktisch alle aspecten van de groene lifestyle, zijn we over steeds meer onderwerpen gaan schrijven. Als mensen vragen of we ons blog kunnen omschrijven, dan zeggen we: het gaat over vegan koken, je huis inrichten met kringloopmeuk, het dragen van eerlijke mode, bewust in het leven staan en alles daar tussenin. Al vier jaar lang schrijven we dagelijks een blogpost voor onze bezoekers. De 'groene wereld' ontwikkelt zich zo snel, dat we nooit zonder inspiratie komen te zitten.

Dat de groene lifestyle steeds normaler en zelfs hipper wordt, is niet alleen gunstig voor ons blog. Het is heel erg fijn dat je niet langer voor geitenwollensok wordt uitgemaakt als je in een restaurant om de veganistische optie vraagt. Vroeger kregen we nog wel eens te horen dat mensen het een vies idee vonden als je tweedehands kleding droeg - tegenwoordig wil iedereen weten waar de beste kringloopwinkels te vinden zijn. Verder komt er steeds meer aandacht voor onderwerpen als biologische voeding, eerlijke mode en afvalvermindering. Wij zijn heel blij dat wij een kleine bijdrage mogen leveren aan deze ontwikkelingen.

Dit Groene-Meisjesboek kun je zien als een handboek of een leidraad. We willen je laten zien hoe je op gemakkelijke en betaalbare wijze je leven wat groener kunt maken. We vertellen je over onze ervaringen en over hoe wij steeds groener in het leven zijn gaan staan. En hoewel dit boek op geen enkele wijze is gesponsord, zullen we toch onze favoriete merken en adressen met jullie delen; gewoon om je een beetje wegwijs te maken.

Misschien denk jij er ook over na om je levenswijze (een beetje) te vergroenen. We hopen van harte je met dit boek en ons blog een stukje op gang te mogen helpen! Heel veel plezier en succes!

Veel liefs,

Merel & Jamie - De Groene Meisjes

GROEN ETEN

WAAROM VEGANISTISCH ETEN?

Misschien vraag je je af waarom wij veganistisch zijn gaan eten. We zouden een heel verhaal op kunnen hangen over allerlei onderzoeken die we hebben gedaan of allerlei mooie quotes kunnen aanhalen, maar de waarheid is dat we twee typische gevalletjes 'het is zo zielig voor de dieren' zijn. Althans, dat is waarmee het begon. Gaandeweg kwamen er meerdere redenen bij om ook veganist te blíjven. We hebben veel geleerd in de loop van de jaren en dat heeft onze idealen alleen maar versterkt.

Vegetariërs en veganisten heb je in alle soorten en maten. Je komt oude en jonge mensen tegen, activistische mensen en mensen die zich meer op de achtergrond houden. Ook zijn er natuurlijk mensen die geen vlees eten omdat ze vinden dat het gezonder is, en je hebt vast ook mensen die veganistisch eten omdat ze toevallig allergisch zijn voor dierlijke producten. Toch zullen de meeste veggies gemeen hebben dat ze bepaalde idealen hebben waar ze voor staan. Ook zien we vaak dat mensen die oorspronkelijk uit gezondheidsredenen begonnen met plantaardig eten, later ook de overtuiging kregen om veganist te worden. Over welke idealen hebben we het dan? Vanuit welke overtuigingen eten wij veganistisch?

VOOR DE DIEREN

We kunnen er zogezegd niet omheen; in eerste instantie zijn wij vegan voor de dieren. Persoonlijk vinden wij het ondraaglijk om te bedenken dat er voor ons comfort en plezier zo over de rechten van dieren wordt heen gewalst. Het feit dat er kippen met z'n tienduizenden op elkaar gepropt in een veel te kleine schuur zitten, dat kalfjes bij hun moeder worden weggehaald om de melkproductie van de moeder zo optimaal mogelijk te laten zijn, dat er vandaag de dag nog dierproeven worden gedaan, dat er in Azië dagelijks honderden dolfijnen worden afgeslacht, en dat er nog altijd wilde dieren in het circus staan, is voor ons onbegrijpelijk. Dit zijn slechts enkele voorbeelden van de vele die we zouden kunnen aanhalen, maar we willen de sfeer in dit boek graag een beetje gezellig houden.

Wist je dat je per jaar ruim 50 dierenlevens spaart als je veganistisch eet?

Vandaag de dag behandelen mensen dieren als dingen, niet als levende wezens. Voor ons eigen huisdier doen we alles - een fijn bedje, biologische brokjes en alle liefde die het diertje nodig heeft. Aan de duizenden dieren die dagelijks worden geslacht, om vervolgens op onze borden te belanden, denken we vaak niet. Vissen? Die hebben geen aaibaarheidsfactor. Kippen? Daar hebben we er toch zóveel van? Weer een diersoort uitgestorven? Ah joh, er zijn nog zoveel andere leuke dieren op de wereld.

Voor ons is een dier een dier. Hoe groot, klein, harig, stekelig of gevaarlijk ook. Wanneer je eenmaal de waarheid achter dierenleed weet, is het moeilijk te negeren. Toen wij ontdekten dat er ook nog eens ongelooflijk veel makkelijke alternatieven zijn en dat we dierlijke producten helemaal niet nodig hebben, was de keuze voor ons snel gemaakt. Die verandering van 'alleseter' naar veganist ging alsnog niet over één nacht ijs, maar we weten wel dat het een verandering voor altijd is. Het idee dat we de dieren nog zouden lastigvallen voor ons eigen gemak is inmiddels ondenkbaar geworden.

VOOR HET MILIEU

Wist je dat vegan leven heel goed is voor het milieu? Om een paar voorbeelden te noemen:

- Het produceren van vlees **kost erg veel water**. Voor het produceren van slechts één kilo rundvlees heb je 15.000 liter water nodig. Voor een kilo aardappel is dat 500 liter. Dat is nogal een verschil!

- Naast dat het produceren van vlees veel water kost, is het ook nog eens een proces waar **veel vervuiling** bij komt kijken. Water raakt vervuild en daarmee ook de grond. Naast het winnen van aardgassen is de vleesindustrie de meest vervuilende industrie ter wereld.

- 70% van alle soja die wereldwijd verbouwd wordt, is bedoeld als veevoer voor de vlees- en zuivelindustrie. Het verbouwen van soja zorgt voor **ontbossing**. Met name het Amazonegebied lijdt hier enorm onder.

- De aarde warmt steeds verder op en een van de belangrijkste oorzaken hiervan ligt bij de veehouderij. Het houden van vee en het produceren van vlees zorgt namelijk voor een grote **uitstoot van broeikasgassen**. Dierlijke mest brengt veel schadelijke stoffen zoals fosfor en ammoniak met zich mee. We kunnen de dieren natuurlijk moeilijk vragen om minder te poepen.

- Je verwerkt een dierenvel niet zomaar tot een mooie leren tas. Daar komt een heel proces bij kijken. Leer moeten wordt gewassen, gelooid en dikwijls ook geverfd. Een proces waar veel **gifstoffen en waterverbruik** bij komen kijken. Hetzelfde geldt voor de bontindustrie.

VOOR JE MEDEMENS

Het produceren van vlees en zuivel kost enorm veel ruimte. Denk eens aan alle landbouwgrond die er nodig is om granen te verbouwen die vervolgens worden gebruikt om het vee te voeren. Als we al deze landbouwgrond zouden kunnen gebruiken om granen te verbouwen die we vervolgens zelf zouden kunnen eten, dan zou er heel veel minder armoede in de wereld zijn.

Stel je voor dat je in een land woont waar maïs wordt verbouwd dat bedoeld is om tot veevoer te worden verwerkt. En stel je voor dat je geen middelen hebt om je gezin een fatsoenlijke maaltijd voor te schotelen. Het idee dat de maïs die jij had kunnen eten naar dieren gaat die worden verwerkt tot vlees dat naar het buitenland wordt geëxporteerd, is niet alleen heel oneerlijk, maar ook volkomen onlogisch. Er is genoeg eten in de wereld, maar het wordt helaas niet goed verdeeld.

VOOR JE EIGEN GEZONDHEID

Toen wij begonnen met vegan eten waren er een paar mensen die wat bezorgd waren over onze gezondheid. Zouden we wel alle stoffen die we nodig hebben binnen krijgen? En zijn veganisten niet allemaal van die ongezond dunne mensen, waar je zo ongeveer doorheen kunt kijken? Misschien heb je al een blik op de foto's in dit boek geworpen? We geloven niet dat we voldoen aan dit schrikbeeld dat veel mensen van veganisten hebben.

Vegans eten echt niet alleen maar wortels met hummus.

Maar hoe krijg je dan genoeg eiwitten binnen? En hoe zit dat met ijzer? En vitamine B12? Gelukkig weten wij dat zo lang je een gevarieerd plantaardig voedingspatroon aanhoudt, je alle voedingstoffen binnenkrijgt die je nodig hebt. Ja, ook eiwitten. Vitamine B12 is, inderdaad, de enige vitamine die je niet binnen krijgt wanneer je uitsluitend plantaardig eet. Het is daarom ook de enige vitamine die wij bij slikken, gewoon om zeker te zijn dat we geen tekort opbouwen. Een voordeel is dat plantaardige voeding geen slecht cholesterol en minder verzadigde vetten bevat.

Nu moeten we er wel duidelijk bij zeggen dat het bovenstaande alleen opgaat wanneer je een gevarieerd plantaardig eetpatroon volgt. Veganistisch eten hoeft niet per se heel gezond te zijn. Zo zijn er zogenaamde 'fastfood vegans' die leven op friet met ketchup (vegan), Oreo's (vegan, ja echt!) en vegan kokosijs. Tsja, uit zo'n dieet haal je natuurlijk vrij weinig voedingsstoffen. Dit soort producten bevatten veel suiker en verzadigd vet en dat is natuurlijk nooit gezond, al is het nog zo veganistisch.

Wij merken dat we meer energie hebben dan voordat we veganistisch gingen eten. Ook zijn we minder vaak ziek en zijn we beiden heel wat kilo's afgevallen. Toch behoren we nog steeds niet tot de 'skinny vegans' en daar zijn mensen wel eens verbaasd over. Wanneer Merel wordt gevraagd of ze wel zeker weet dat ze vegan eet, gezien haar postuur, antwoordt ze inmiddels op de automatische piloot: 'Weet je wel hoe lekker vegan pindakaas brownies en broodjes falafel zijn?' Vegans eten echt niet alleen maar wortels met hummus. We eten ze wel veel, maar er is meer in de wereld. Juist door af en toe ook die superlekkere, not so healthy vegan producten te eten, blijft ons eetpatroon leuk voor ons.

Dit zijn enkele redenen die ons hebben overtuigd om duurzamer te gaan leven. De rest van dit boek zal gaan over de manieren waarop we dat doen en hoe we deze groene lifestyle voor onszelf leuk en comfortabel maken. Op ons blog benaderen we veganisme (en andere groene onderwerpen) vrijwel altijd vanuit een positief perspectief en laten we liever zien wat de mogelijkheden zijn, in plaats van te vertellen over al het leed dat er in de wereld is. Toch voelt het niet goed om dit onderwerp helemaal niet te bespreken. Ook wij hebben onze principes en daar leven we naar. En als dat ook voor jou geldt, dan is dat absoluut niet iets om je voor te schamen.

Vegan leven heeft ons alleen maar goede dingen gebracht. Zo voelen we ons sindsdien veel meer betrokken en verbonden met de natuur en de dieren, hebben we minder keuzestress in de supermarkt en hebben we leren koken met producten die we voorheen nooit gebruikten. Om eerlijk te zijn hebben we nog nooit zo lekker gegeten sinds we vegan eten en missen we helemaal niks!

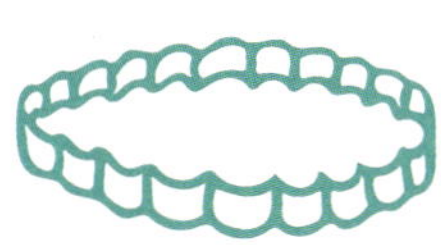

KIJK- EN LEESTIPS

Toen wij begonnen met vegan eten, lazen we een aantal boeken en keken we een paar documentaires. Dat doen we trouwens nog steeds, om een frisse blik te behouden. Wij hebben natuurlijk nog lang niet alles gelezen of alles gezien, maar we hebben toch een paar aanraders voor je. Sommige boeken en documentaires gaan in op de ethische kant van veganisme, andere richten zich juist meer op de gezondheidskant.

BOEKEN

Dieren Eten (Jonathan Safran Foer). Dit is het eerste boek dat wij lazen en we zouden wel kunnen zeggen dat het ervoor heeft gezorgd dat we vegetarisch gingen eten. We kenden deze schrijver alleen van zijn romans, maar dit boek is even heel andere koek. Het gaat over de omstandigheden in de vee-industrie, en welke misverstanden hierover bestaan.

Interessante boeken over de gezondheidskant van veganistisch eten zijn ***Crazy Sexy Diet*** (Carr) ***The China Study*** (Campbell) ***The Starch Solution*** (McDougall) en ***Skinny Bitch*** (Freedman). Deze boeken benaderen veganistisch eten meer vanuit het idee dat het een dieet of een eetpatroon is: *the plantbased diet*. Mensen die plantbased eten, zijn niet per se veganist. Dat betekent bijvoorbeeld dat iemand die plantaardig eet, wel leer zou kunnen dragen of cosmetica zou kunnen gebruiken die mogelijk niet dierproefvrij is.

DOCUMENTAIRES

De meest heftige documentaire die we gezien hebben, is ***Earthlings***. Deze documentaire heeft ervoor gezorgd dat talloze mensen 'overnight vegan' zijn geworden - zó overtuigend is de film. Je moet het aandurven om deze film te bekijken, maar als je voor eens en altijd de waarheid over dierenleed wilt weten, dan is het zeker weten een aanrader.

Een (veel) minder heftige film, maar nog altijd erg overtuigend, is ***Cowspiracy***. Dit is altijd de eerste tip die we geven als mensen ons vragen naar onze favoriete films over veganisme. De documentaire bekijkt veganisme in eerste instantie vanuit milieu-overwegingen, maar later in de film wordt steeds duidelijker dat veganisme veel meer doelen (voor mens, dier en de aarde) dient.

De films ***Blackfish***, ***The End Of The Line*** en ***The Cove*** hebben één ding gemeen: ze gaan alledrie over zeedieren. Blackfish gaat over dieren in gevangenschap, The End Of The Line is een goede film om te kijken als je nog twijfelt of je wel of geen vis zou willen eten, en The Cove gaat over de dolfijnenjacht in Japan. Stuk voor stuk confronterende, maar zeer interessante films. Noemenswaardige films die veganisme vanuit gezondheid benaderen zijn ***Forks Over Knives*** en ***Fat, Sick and Nearly Dead***.

IS VEGAN ETEN DUUR?

Toen wij vegan wilden gaan eten, waren we eerst een beetje bang dat het heel duur zou worden. We hadden wel eens wat producten voorbij zien komen, zoals vleesvervangers of allerlei luxe biologische koekjes zonder ei en melk, die echt heel prijzig waren. Om van de speciale rijstmelkchocolade nog maar te zwijgen. En wat dacht je van amandelmelk? Wat kost dat allemaal wel niet?!

De waarheid is: een vegan eetpatroon kan heel duur zijn, als je *all out* gaat op allerlei speciale producten. Dat hebben wij een tijdje gedaan, omdat we álles wilden proberen. Het resultaat? Een lege portemonnee en een paar kilo lichaamsgewicht erbij. Daar ben je dan ook gauw klaar mee. Daarom gingen we eens nadenken over hoe het anders kon, want we wisten gewoon zeker dat een betaalbaar (of misschien zelfs goedkoop) vegan dieet mogelijk zou moeten zijn. En dat blijkt inderdaad zo te zijn.

Neem eens een supermarkt in gedachten en stel je voor dat je veganistisch eet. Je kunt driekwart van de winkel overslaan! Dat is niet alleen fijn als je aan keuzestress lijdt, maar je boodschappenbudget sneuvelt ook niet zo snel. Is dat dan niet heel erg saai? Niet als je zelf allerlei lekkere dingen maakt. Natuurlijk kopen ook wij wel eens een luxer product. Hiervoor gaan we graag naar een biologische winkel of een speciaalzaak, zoals Ekoplaza in Nederland of Veganz in Duitsland. Daar hebben ze een ruime keuze uit allerlei luxe vegan producten waar we ons soms aan te buiten gaan. Denk aan vegan chocolade, koekjes, chips en desserts. Dat zien we dan echt als traktaties; het zijn geen eerste levensbehoeften.

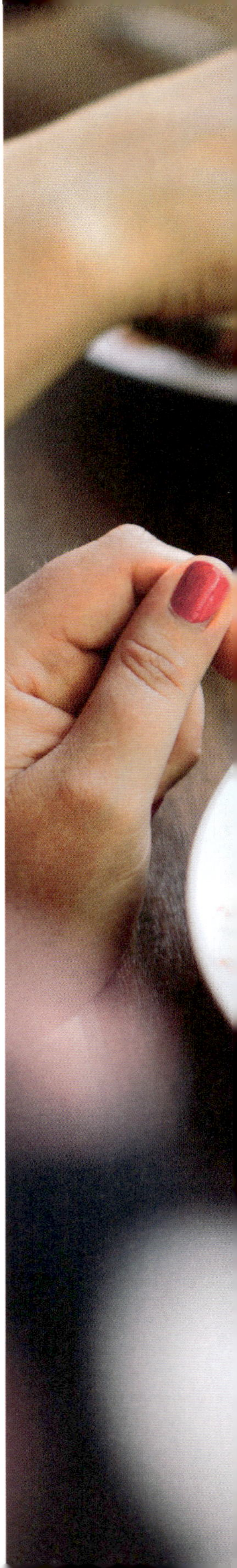

BOODSCHAPPENLIJST

PRODUCT	HUISMERK SUPERMARKT	BIOLOGISCHE WINKEL	TOKO / TURKSE SUPERMARKT
Amandeldrink	€ 1,64	€ 2,69	–
Augurken	€ 0,89	€ 2,09	€ 1 99
Basmatirijst	€ 1,43	€ 2,39	€ 1,49
Edelgistvlokken	–	€ 3,50	–
Havermout	€ 0,89	€ 1,99	–
Ketchup	€ 0,95	€ 1.99	€ 1,25
Kidneybeans (in pot)	€ 0,94	€ 0,99	€ 0,99
Kikkererwten (in pot)	€ 0,89	€ 1,05	€ 0,70
Kokosmelk	€ 0,89	€ 1,75	€ 1.29
Kokosolie	€ 4.99	€ 3,79	€ 2.99
Kokossuiker	€ 4.15	€ 5.49	–
Kruiden (diverse gedroogde)	€ 1,49	€ 1,55	€ 0,99
Linzen (gedroogde)	€ 2.09	€ 2,39	€ 1,99
Noodles zonder ei	€ 1,59	€ 1,79	–
Pasta	€ 0,90	€ 1,29	€ 0,89
Pindakaas	€ 1,36	€ 2,49	€ 1.99
Pitabroodjes	€ 1.00	€ 1,65	€ 1,25
Rijststroop	–	€ 2.99	–
Rozijnen	€ 0.99	€ 2,09	€ 1,99
Sobanoodles	€ 2,39	€ 2,89	–
Sojasaus	€ 1,77	€ 4.95	€ 1,45
Tahin	€ 2,99	€ 3,09	€ 2.49
Tomaten in blik	€ 0,57	€ 1,09	€ 0,75
Veganaise	€ 1,35	€ 1,99	–
Wraps	€ 1,45	€ 2,39	€ 1,75

Een streepje in het schema betekent: niet te koop in deze winkel

DE BASIS VAN EEN VEGAN DIEET

We kwamen er al gauw achter dat de basis van een vegan dieet eigenlijk heel simpel en goedkoop is. Producten die wij altijd in huis hebben zijn bijvoorbeeld: rijst, aardappelen, pasta (pasta zonder ei is vaak de goedkoopste pasta), noodles (hiervoor geldt hetzelfde als voor pasta), groenten, fruit, peulvruchten, havermout, een zoetmiddel dat honing vervangt (denk aan rijststroop) en plantaardige melk. Deze producten zijn niet duur. In ieder geval niet duurder dan de tegenhangers die wél dierlijke ingrediënten bevatten.

Om het jullie makkelijker te maken hebben we een boodschappenlijst van houdbare producten gemaakt die wij standaard in huis halen. We zijn ervan uitgegaan dat je de producten bij de reguliere supermarkt, de biowinkel of een (Aziatische) toko koopt en hebben de prijzen van moment van schrijven (zomer 2015) erbij gezet. We zijn bij de supermarkt uitgegaan van het huismerkproduct en bij de biologische winkel en de Turkse supermarkt van de goedkoopste optie. Wanneer we bij de reguliere supermarkt een pak pasta van 500 gram uitzochten, kozen we bij de andere winkels ook voor een verpakking van 500 gram.

Welke verse producten hebben we standaard in huis? Aardappels en zoete aardappels, citroenen, gember, bananen (we kunnen niet leven zonder bevroren bananen en dus banana softserve - zie recept verderop in dit boek) rood vriesfruit, tomaten, komkommer, sla, avocado's en bladspinazie. Maar ook: een plantaardig alternatief voor yoghurt en een vleesvervanger, zoals een blok tofu of tempeh. Verder laten we ons verrassen door wat er in het wekelijkse groenten- en fruitpakket geleverd wordt.

WAAR GA IK WINKELEN?

Wij wonen in Amsterdam en je hebt hier volop keuze als het gaat om natuurwinkels en allerlei verleidelijke speciaalzaken die veel te veel leuke producten verkopen. Gevaarlijk! Gelukkig zijn er ook manieren om voordelig biologisch te eten:

Ga naar de biologische markt. Zoals dat ook op de reguliere markt het geval is, ben je goedkoper uit dan in de biologische winkel. Met name fruit en groenten zijn hier stukken goedkoper. Extra leuk vinden we het dat je op dit soort marktjes vaak uitsluitend lokale producten tegenkomt, dus van boeren uit de omgeving.

Neem een abonnement op een biologisch fruit- en groentepakket. Dit lijkt misschien wat kneuterig, maar het is echt heel erg leuk om iedere week een pakket bomvol met veggies geleverd te krijgen. Wij worden er in ieder geval heel creatief van, want je moet toch iedere week weer nadenken over wat je nu weer met de inhoud van de box gaat doen. De box verandert mee met de seizoenen en de inhoud zal je iedere keer weer verrassen. Onze favoriete service op dit gebied is BeterBio, omdat de box altijd goed gevuld is en de service erg vriendelijk. Voor €24 per week krijgen wij een goedgevulde box met allerlei soorten groenten en fruit thuisbezorgd.

Koop in bulk. Misschien een open deur, maar ook wanneer je biologisch koopt is het goedkoper om veel in één keer te kopen, dan om steeds kleine beetjes aan te schaffen. Ekoplaza heeft een online shop waarin je goede deals vindt. Koop je in één keer tien pakken amandelmelk, dan krijg je bijvoorbeeld korting. Natuurlijk moet je dan wel de ruimte hebben om tien pakken amandelmelk kwijt te kunnen, maar omdat het een houdbaar product is, wordt dat al wat makkelijker. Maak die voorraadkast maar vast klaar om hem vervolgens vol te laden met goodies!

Nu laat ons budget het helaas niet toe om alles biologisch te kopen, dus **we kopen we een deel van onze boodschappen bij de reguliere supermarkt.** Als je geen biologische winkel of markt in de buurt hebt, hoef je absoluut niet bang te zijn dat je bepaalde noodzakelijke producten niet kunt krijgen.

Tot slot: Aziatische toko's en Turkse of Marokkaanse winkels zijn goud waard. Hier vind je vaak grote zakken gedroogde peulvruchten, grote zakken rijst en goedkope groenten. Niet biologisch, maar zeker niet minder van kwaliteit dan uit de grotere supermarkt. En... wél goedkoper! Grappig genoeg vinden we bij Turkse winkels vaak hele partijen biologische fairtraidebananen. Deze kopen we dan voor € 0,50 per kilo en vriezen we meteen massaal in. Ideaal!

land

ZELF DE KEUKEN IN

Wij maken veel zelf. Bijna alles eigenlijk. Koken uit pakjes doen we liever niet meer en niet alleen omdat de meeste pakjes niet veganistisch zijn, maar ook omdat het gewoon niet goed voor je is. Wanneer je (bijna) alles zelf maakt, heb je zelf de touwtjes in handen. Wat doe je erin of wat liever niet? Geen e-nummers en geen conserveringsmiddelen, want die heb je helemaal niet nodig. Een zelfgekookte soep is echt duizend keer lekkerder dan een kant-en-klare zak of pot uit de supermarkt. Daarnaast kost soep koken echt geen enkele moeite. Het is lekkerder, gezonder én goedkoper. Waarom zou je het niét doen?

Wat we kopen, gebruiken we. Dat is de regel.

Toen we ontdekten dat veel mensen denken dat vegan eten heel duur is, zijn we begonnen met het verzinnen van lowbudget recepten. Bij ieder recept dat we maken houden we er rekening mee dat de ingrediënten makkelijk te vinden zijn en dat het allemaal een beetje betaalbaar blijft. Daarbij zijn we zelf best wel luie koks en staan we liever geen uren in de keuken; de recepten zijn dus ook nog eens allemaal heel makkelijk uit te voeren. Voor deze recepten hebben we zelfs een rubriek in het leven geroepen die 'Groen zonder poen' heet. Als je 'lowbudget' in de zoekfunctie van ons blog invoert, kom je een hoop geschikte recepten tegen.

Pinterest kan een enorme bron van inspiratie zijn. Zoek bijvoorbeeld eens op 'lowbudget vegan recipe' en kijk wat je allemaal tegenkomt. Er zijn hele databases te vinden met honderden goedkope recepten. Een voorbeeld hiervan is **BudgetBytes**. Dit soort websites zijn echte lifesavers wanneer je weer eens zonder kookinspiratie zit.

VERSPILLING

Het allerduurste eten? Eten dat je verspilt. De gemiddelde Nederlander gooit zo'n 50 kilo eten per jaar weg. Het is niet alleen zonde van het geld, maar ook best schandalig als je er wat langer over nadenkt. Immers, hoeveel mensen zouden er willen dat ze vanavond een fatsoenlijke maaltijd zouden kunnen eten? Eten weggooien kan echt niet en is ook helemaal niet nodig. Wij hebben gemerkt dat we sinds we bijna alles zelf maken, we vrijwel niks meer weggooien. Je weet namelijk precies wat en hoeveel je maakt. En wanneer we biologische of gewoon wat luxere boodschappen doen, dan merken we dat we er ook zuiniger mee omgaan. Wat we kopen, gebruiken we. Dat is de regel. Uiteindelijk is dat altijd nog veel voordeliger dan wanneer je een boodschappenkar vol laadt en een kwart van de inhoud vervolgens in de vuilnisbak belandt.

Wij denken dus dat er allerlei manieren zijn om een 'groen eetpatroon' betaalbaar te houden. Goedkope basics, een groentepakket, lekker veel zelf maken en niks verspillen - daarmee kom je een heel eind!

TIJD EN TOEWIJDING

Vegan eten hoeft dus absoluut niet duur te zijn. Toch beseffen we wel dat je er een beetje moeite voor zult moeten doen. Om een voorbeeld te geven: de Turkse supermarkt biedt meestal de goedkoopste optie, maar bij deze winkel kun je dan weer niet alles krijgen. Dat betekent dat je naar meerdere winkels zult moeten om alles te kunnen krijgen dat je nodig hebt. Het voordeligst is het wanneer je aanbiedingen in de gaten houdt en je meerdere winkels tot je beschikking hebt. Wij weten dat we hier in Amsterdam wat dat betreft in een luxepositie verkeren - je hebt hier immers praktisch alle winkels. Toch hebben we niet altijd zin en tijd om verschillende winkels af te gaan, waardoor ook wij vaak duurder uit zijn dan eigenlijk noodzakelijk is. Het kost dus wel wat tijd en toewijding als je zo voordelig mogelijk wilt winkelen.

Rainer Welter

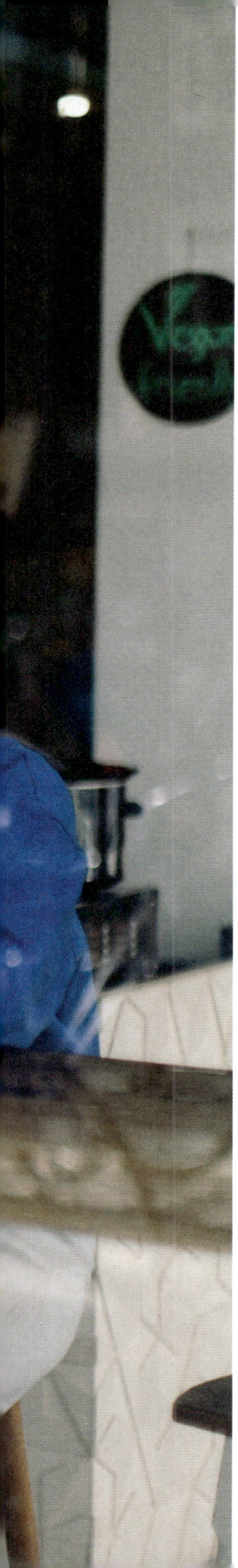

VEGAN ETEN IN SOCIALE SITUATIES

Wekelijks krijgen we vragen binnen van bezoekers van onze site en veel van die vragen gaan over veganistisch eten. De vraag die veruit het meest wordt gesteld is: 'Hoe red ik me als vegan in sociale situaties?' Een heel logische vraag, en een van de eerste dingen waar ook wij tegenaan liepen toen we begonnen met veganistisch eten. En niet alleen een beetje lastig, ook een beetje ongezellig. Wanneer je met een gezelschap uit eten bent, kun je je behoorlijk ongemakkelijk voelen als jij de enige bent die anders eet. Dat heeft niets te maken met het feit dat veganistisch eten ongemakkelijk is, het heeft te maken met het feit dat je tafelgasten blijkbaar meer interesse hebben in jouw bord dan in wat er op hun eigen borden ligt.

FAMILIEDINERS EN DATES

Wanneer je bij familie bent en oom Karel tijdens het kerstmenu voor de zoveelste keer begint over hoe ontzettend zonde het is dat jij niet mee-eet van de kalkoen, kun je je bezwaard voelen. Immers: oma heeft zoveel tijd en moeite gestoken in het bereiden van deze kalkoen, die ook nog eens heel duur was. En hoewel het natuurlijk eigenlijk de omgekeerde wereld is, voel je je bijna schuldig over het feit dat je het dier niet wilt opeten.

Of wat denk je van een eerste date met een nieuwe lover? Misschien ga je een etentje het liefst uit de weg, omdat je hem of haar niet meteen wilt lastigvallen met je eetpatroon en je bijpassende principes. Praten over reizen die je hebt gemaakt is misschien iets neutraler en gezelliger dan praten over megastallen en de enorme hoeveelheid CO_2-uitstoot die er vrijkomt bij het produceren van vlees. Aan de andere kant zou je kunnen denken: ooit komt hij/zij het toch te weten dat ik eet zoals ik eet. Dat is helemaal waar. En je mag er toch van uitgaan dat hij/zij jou dan nog steeds even leuk vindt. Een leuke oplossing is om zelf te koken. Zo bepaal jij wat er op tafel komt en ga je lastige situaties in restaurants uit de weg. Doe ons dan alsjeblieft een plezier en zet geen kale tofu of een spinazieburger op tafel. Als jouw date een echte vleesliefhebber is, zal hij/zij dit hoogstwaarschijnlijk niet kunnen waarderen. Pak lekker uit, kook uitgebreid en laat zien hoe lekker vegan eten kan zijn. Vergeet hem of haar niet te imponeren met het dessert: *vegan chocolate cake for the win!*

TAKING IT EASY

Als je besluit voortaan vegetarisch of veganistisch te gaan eten, zul je hoe dan ook tegen een aantal zaken aan lopen. Er zullen lastige vragen gesteld worden ('waar haal jij je eiwitten vandaan?') er gaan flauwe grappen gemaakt worden ('nou, dan kun je zeker niets meer eten?!') en alle vooroordelen over veganisten zullen op tafel worden gelegd ('als je maar niet zo'n lijkbleke, ongezellige, wortelsapdrinkende veganist wordt, vind ik alles best.') Maar het gaat echt een keer over. Als jij er tenminste een beetje relaxed mee omgaat.

Je kunt laten zien dat vegans ook maar normale mensen zijn.

Onze nummer-1-regel is: begin er zelf niet de hele tijd over. Waarom zou je dat doen? Natuurlijk is het fijn dat jij gepassioneerd bent over dit onderwerp, maar niet iedereen in je omgeving is ermee bezig. Door het onderwerp op te dringen aan mensen die er eigenlijk niet over willen praten, bereik je vrij weinig. Sterker nog, het werkt waarschijnlijk averechts. Natuurlijk is het prima om op momenten dat de gelegenheid zich voordoet iets te vertellen over waarom je eet zoals je eet. Maar om nou zelf om de haverklap over de erbarmelijke omstandigheden in de vee-industrie te beginnen? Wij raden het je niet aan!

Zelf merken we dat het uitstekend werkt om mensen te laten zien hoe goed wij ons voelen. Dan bedoelen we niet dat je de hele dag van de daken schreeuwt hoeveel energie je hebt sinds je vegan eet, hoe je gezondheid vooruit is gegaan en hoe ontzettend mooi je huid ervan wordt. We bedoelen dat je kunt laten zien dat vegans ook maar normale mensen zijn. Veganisten zijn geen wereldvreemde zombies die ontzettend moeten afzien. Wanneer mensen zien dat je straalt en veel energie hebt, dan hoef je eigenlijk al niks meer te zeggen.

Wanneer Merel weer eens een 'Maar wat eet je dan wel?!' naar haar hoofd krijgt, antwoordt ze steevast met 'Genoeg! Ik zie er toch niet bepaald uitgemergeld uit?' Een grapje maken kan nooit kwaad, hebben we gemerkt. Hoewel veganistisch eten vanuit principes een serieuze zaak is, hoef je niet alles serieus te benaderen. Je kunt ervoor kiezen om de hele dag bezig te zijn met de ellendige toestanden in de zuivelindustrie - wij steken onze tijd liever in het bejubelen van de nieuwste vegan chocoladereep. Natuurlijk sluiten wij onze ogen niet voor al het leed in de dierenwereld. We hebben genoeg literatuur gelezen en alle bekende documentaires gezien. We eten veganistisch met een reden. Maar dat wil niet zeggen dat we moeten afzien of nergens de humor van mogen inzien.

BUITEN DE DEUR ETEN

Misschien ga je binnenkort uit eten met je collega's en zie je er nu al als een berg tegenop. Ondanks dat je je hebt voorgenomen je niets aan te trekken van de blikken of vragen van anderen, weet je misschien niet hoe je het praktisch moet aanpakken. Geen zorgen, alles komt goed. Ook voor veganisten is uit eten gaan hartstikke leuk. En zeker met de volgende tips.

STAP 1

Vraag degene die het etentje organiseert of er al een restaurant is gekozen. Als dit nog niet het geval is, kun jij een voorstel doen. Stel liever geen vegetarisch restaurant voor, want dat zou de mensen die graag vlees willen eten kunnen irriteren. Kies voor een restaurant waarvan je weet dat zowel jij als een vleesliefhebber er goed kan eten. Een Aziatisch restaurant is in dit geval eigenlijk altijd goed. Denk bijvoorbeeld aan Thais of Indiaas - bij dit soort restaurants kan bijna iedereen wel iets lekkers krijgen. Mocht er nu toch al ergens gereserveerd zijn, vraag dan aan de organisator om welk restaurant het gaat. Duik het internet op en check daar alvast de menukaart.

STAP 2

Bij het bekijken van de menukaart kom je misschien al wat opties tegen. Dat is gunstig, want zo hoef je niet eens om een aanpassing van je maaltijd te vragen. Mocht er op het eerste gezicht niks passends op de kaart staan, bel dan vast naar het restaurant en vraag of ze een speciale optie hebben voor veganisten. Als dat niet het geval is, zou je de kaart nogmaals kunnen bekijken om te checken welke ingrediënten er zoal gebruikt worden. Je weet dan dat deze ingrediënten sowieso aanwezig zijn in de keuken. Kies een paar ingrediënten uit (bijvoorbeeld rijst, groenten, aardappels en kokosmelk) en vraag of de chefkok hier iets voor jou van kan maken. Onze ervaring is dat een kok het vaak een leuke uitdaging vindt ook voor een veganist iets lekkers te maken.

STAP 3

Stel niet te hoge eisen. Verwacht niet dat ieder restaurant een veganistisch vijfgangendiner voor jou bereidt. Tenminste, niet als je daar niet van tevoren naar hebt gevraagd. Wij merken dat je soms een beetje flexibel moet zijn. Hoewel je als veganist net zoveel recht hebt op een lekkere maaltijd, kun je helaas (nog) niet verwachten dat ieder restaurant aan alle eisen voldoet. En heel soms, zoals wanneer je met een grote groep collega's uit eten bent, moet je genoegen nemen met een beetje minder. Onze ervaring leert gelukkig dat dit vrijwel nooit voorkomt.

STAP 4

Bereid je van tevoren alvast voor op het feit dat er collega's vragen kunnen stellen. Zeker wanneer je ze nog niet zo goed kent, of wanneer ze nog niet weten dat je veganistisch eet. Bedenk dat het vaak oprechte interesse of misschien gewoon pure nieuwsgierigheid is, geen kwade wil. Mensen vinden het nou eenmaal leuk om te horen wat een ander eet en doet; daar is helemaal niks mis mee! Leg vriendelijk uit dat je sinds kort veganistisch eet en vertel in een paar zinnen wat dit inhoudt. Incasseer een grapje hier of daar en probeer vooral een gezellige avond te hebben.

PS *Als je het dan toch nog niet ziet zitten om over je principes te praten, kun je het altijd nog anders oplossen. Een goede vriendin van ons eet haar leven lang al vegetarisch. Toen zij na 1376 pogingen opnieuw een collega tevergeefs probeerde uit te leggen waarom ze geen vlees at, besloot ze: vanaf nu zeg ik gewoon dat ik allergisch ben voor vlees. Gek genoeg vraagt dan niemand verder.*

Kikker erwten
Kikker erwten
Kikker erwten
Kikker erwten
€3.10
€2.50
€3.90

VERVANGENDE PRODUCTEN

Vlees en vis vervangen gaat over het algemeen vrij gemakkelijk. Kijk maar naar het aanbod in de supermarkten en biowinkels: burgers en balletjes genoeg. Naast kant-en-klare producten kun je zelf natuurlijk van alles maken van groenten en peulvruchten. Maar wat als je een groot liefhebber van zuivelproducten zoals kaas bent en je wilt vegan eten? Ja, dat vergt een extra zoektocht. Maar wees maar niet bang, hoor; er is gelukkig keuze genoeg!

MELK

Was jij gewend om de dag te beginnen met een koffie met opgeschuimde koemelk? Of drink je graag een glaasje melk bij je boterham met kaas? Gelukkig zijn er allerlei soorten plantaardige variaties op melk te koop, dus je hoeft eigenlijk niks te missen.

Zowel in de reguliere supermarkt als in de biowinkel kom je allerlei plantaardige drinks tegen. Je kunt dan denken aan sojadrink, rijstdrink, kokosmelk, haverdrink en verschillende drinks op basis van noten. Al deze drinks zijn verkrijgbaar in een neutrale variant, maar vaak kom je ook nog verschillende smaken tegen. Plantaardige drinks worden al lang niet meer alleen door veganisten gedronken - er zijn genoeg mensen die uit gezondheidsredenen voor een plantaardige variant van koemelk kiezen.

Sojadrink is over het algemeen de goedkoopste optie en drinks op basis van noten zijn meestal het duurst. Overigens kun je ook heel gemakkelijk zelf plantaardige melk maken, maar daar moet je natuurlijk maar net zin in hebben. Het voordeel is dat je helemaal zelf bepaalt welke toevoegingen je kiest. Zo kun je een notenmelk heel lekker op smaak brengen met dadels en vanille - daar heb je dus geen suiker voor nodig.

Merken
Provamel, RiceDream, Alpro, Isola Bio, huismerk supermarkt en Ekoplaza.

YOGHURT

Plantaardige alternatieven voor yoghurt, op sojabasis, zijn overal te koop. Alleen al in de supermarkt kom je allerlei smaakjes tegen. Helaas zijn het altijd pakken of bakjes van 500 gram - literpakken zijn we nog nooit tegengekomen. Bij de biologische winkel tref je ook alternatieven voor yoghurt zonder toegevoegde suiker. De smaak van deze producten is wat neutraler, maar daardoor wel geschikt om zelf een smaakje aan toe te voegen.

Een luxer en nog minder gangbaar product is kokosyoghurt. Je komt het eigenlijk alleen nog maar bij speciaalzaken en biologische winkels tegen en het is behoorlijk prijzig (een bakje van 250 ml voor € 4,95 is geen uitzondering). Het is vrij bewerkelijk, maar je kúnt kokosyoghurt zelf maken. Hiervoor gebruik je probiotica en natuurlijk kokos.

Heel af en toe zien we wat andere alternatieven voor yoghurt opduiken, bijvoorbeeld op basis van haver. In Amerika liggen de schappen al vol met allerlei soorten plantaardige yoghurt, maar zo ver is het hier helaas nog niet.

Merken
Provamel, Sojade, Alpro, CoYo, Abbot Kinney's, Yosa, huismerk supermarkt en Ekoplaza.

KAAS

Misschien wel het lastigste om te vervangen, omdat veel mensen het originele product zo lekker vinden: kaas. Veel vegetariërs eten veel kaas (zonder dierlijk stremsel), omdat het zo'n makkelijke vervanger voor vlees is. Maar als je besluit om plantaardig te gaan eten, dan valt kaas helaas af.

Bij de meeste reguliere supermarkten kom je nog vrij weinig kaasvervangers tegen. Bij de biowinkel wel, maar daar zijn we persoonlijk niet zulke grote fans van. De kaasvervanger die je steeds meer in Nederland ziet opduiken, en die door veel vegans als 'dit komt het meeste in de buurt van echte kaas' wordt bestempeld, is die van het merk Wilmersburger.

Verwacht geen wonderen van een kaasvervanger. Het is en blijft natuurlijk nepkaas. Zo hebben wij nog nooit een goede vervanger voor bijvoorbeeld mozzarella of feta gevonden. Maar de plakken Wilmersburger doen goede dienst als tostikaas en de geraspte kaas smaakt erg goed over een ovenschotel.

Wij gebruiken zelf graag edelgistvlokken als vervanger van Parmezaanse kaas. Ook kun je met dit product een behoorlijk goede kaassaus namaken.* Maar wederom: verwacht geen wonderen. Als je vegan wilt eten en je vindt het moeilijk om kaas op te geven, zul je hier echt een tijdje aan moeten wennen.

Merken
Tofutti (smeerkaas), Wilmersburger, Daiya. Vraag bij Ekoplaza naar edelgistvlokken.**

IJS

Je kunt ons héél blij maken met een ijsje. En niet alleen in de zomer. Natuurlijk eten we wel alleen maar vegan ijs, maar dat hoeft geen enkel probleem te zijn. Sowieso zijn veel soorten sorbetijs geschikt voor vegans, maar misschien wil je ook wel eens een lekker roomijsje eten? Wat denk je van ijs gemaakt van soja-, kokos- of rijstmelk? Er zijn zelfs vegan 'Magnums!' (onze favoriet en grote verslaving) .

Merken
BonIce, Professor Grunschnabbel, huismerk supermarkt (vooral soja-ijs).

ROOM

Ook slagroom en kookroom hoef je als vegan niet te missen. Zowel bij de reguliere supermarkt als bij de biowinkel kom je allerlei soorten tegen, bijvoorbeeld op basis van rijst, haver of soja. Slagroom kun je ook gemakkelijk maken van kokosmelk - een recept voor kokosslagroom vind je op onze site.

Wat je wel moet weten over plantaardige kookroom, is dat het toch een minder romig product is dan *the real deal*. Dat is natuurlijk logisch, want een product op basis van rijst is gewoon minder vet dan een zuivelproduct.

Merken
Provamel, Lima, Alpro, huismerk supermarkt en Ekoplaza.

** Zie bijvoorbeeld het recept voor Mac and Cheese op onze site. ** Moeilijk te vinden in Nederland.*

OVER DE RECEPTEN

Ons blog is niet compleet zonder lekker eten, en dat geldt dus ook voor ons boek. We kozen een aantal succesrecepten die door veel lezers van ons blog worden gewaardeerd, en maakten ze opnieuw. Daarnaast maakten we een flink aantal nieuwe recepten, die dus nog niet eerder op De Groene Meisjes zijn verschenen.

Onze recepten moeten altijd aan vier eisen voldoen. Het moet **vegan**, **lekker**, **betaalbaar** en **makkelijk** om te maken zijn. Dat is waar wij zelf van houden, en het is ook wat de afgelopen vier jaar altijd heeft gewerkt. De foto's van onze recepten maken we altijd zelf, dus ook voor dit boek. We hadden onze fotograaf kunnen vragen de foto's te verzorgen, maar we waren bang dat de foto's dan té mooi zouden worden. Dat zou niet bij onze stijl passen, want we koken nou eenmaal geen haute cuisine en die illusie willen we ook helemaal niet wekken.

Deze recepten en foto's zijn gemaakt in een klein en oud Amsterdams keukentje, zonder al te fancy apparatuur. De drie apparaten die we het meeste gebruiken zijn een blender, een tweedehands oven en een eenvoudig hakmolentje, maar dat is het dan ook wel. We zijn geen professionele koks of foodfotografen - en we zouden nooit willen doen alsof we dat wel zijn. Lekker eten is lekker eten; dat hoeft voor ons allemaal niet zo verfijnd of perfectionistisch. We hopen dat jullie door deze recepten zin krijgen om de keuken in te duiken!

SMOOTHIEBOWL

Al jaren drinken wij heel geregeld een smoothie. Dat verveelt niet zo snel met alle soorten groenten en fruit die je kunt gebruiken. Toch hebben we soms wel even behoefte aan iets anders, en dan maken we een smoothiebowl. Dit is gewoon een tof woord voor 'gepureerd fruit in een kom', maar dat klinkt dan weer zo... tsja. Smoothiebowls zijn eigenlijk weer geïnspireerd op acaibowls, een populair ontbijtgerecht uit de VS. Hartstikke leuk hoor, die acaibessen, maar er is hier in Nederland bijna niet aan te komen. En aangezien wij sowieso niet heel veel met superfoods hebben, kiezen wij ervoor om gewoon een vrolijke roze smoothiebowl (met andere bessen) te maken. Net zo lekker! Nu zijn het natuurlijk de toppings die de smoothiebowl helemaal af maken. Op Instagram komen we vaak de mooiste creaties tegen, dus misschien kun jij ook een gokje wagen en #smoothiebowl toevoegen aan je foto?

Voor 2 smoothiebowls

2 bananen

200 gram bevroren frambozen

200 gram bevroren kersen

200 ml kokosmelk

1 eetlepel geraspte kokos

Toppings (suggesties)

kokossnippers

extra framboos

banaan

chiazaad

notenboter

Wat ga je doen?

Doe de bananen, frambozen, kersen, kokosmelk en geraspte kokos in een blender.

Schenk de smoothie in 2 kommen. Serveer met de toppings.

SPELTPANNENKOEKEN MET IJS

Zin om eens flink uit te pakken? Op zoek naar een feestontbijt? Deze pannenkoeken met ijs en fruit komen, als je het ons vraagt, aardig in de buurt van perfectie. En omdat sharing caring is, maken we er gewoon een lekker deel-ontbijt van. Serveer een grote portie op één bord en eet er met z'n tweeën van.

Voor twee porties

75 gram speltmeel

2 theelepels bakpoeder

180 ml plantaardige melk

150 gram fruit uit de vriezer (bijv. bosbessen, frambozen, aardbeien)

1 eetlepel maple syrup, rijststroop of agavesiroop

veganistisch vanille-ijs

vers fruit

Wat ga je doen?

Mix het speltmeel, bakpoeder en plantaardige melk tot een beslag. Laat dit 10 minuten staan.

Verhit een heel klein beetje plantaardige olie in een kleine pan en bak daarin 5-7 pannenkoekjes. Houd ze warm tussen twee borden.

Leg het bevroren fruit in de nog hete pan en verwarm door op een laag vuurtje. Voeg een eetlepel maple syrup toe. Na 4-5 minuten heb je een warme fruitsaus.

Serveer de pannenkoeken met vanille-ijs, saus en vers fruit.

TIP *In 2014 brachten wij een e-book bomvol veganistische ontbijtrecepten uit:* De Groene Meisjes Ontbijten. *Het boek is te lezen op je laptop/computer of tablet en kost € 5. Heb je, na het lezen van dit boek, behoefte aan nog meer kookinspiratie? Bestel het e-book dan via* ***www.degroenemeisjes/e-book***

BANANENBROOD MET VEGO CHOCOLADE

Voordat we dit recept met je gaan delen, moet ons eerst iets van het hart. We willen graag dat je weet dat Vego de allerlekkerste vegan chocolade is die er is. Althans, die wij tot nu toe hebben ontdekt. Vego aten we voor het eerst in Berlijn, waar de chocolade ook vandaan komt, en sindsdien vonden we hier in Nederland eigenlijk geen enkele chocolade meer écht lekker. Onze blijdschap was dan ook extreem groot toen verschillende webshops en biowinkels besloten Vego hier in Nederland te gaan verkopen. Nu hoeven we niet meer te wachten tot we weer in Berlijn zijn! We gaan je verder niet al te veel over deze hemelse chocolade met hazelnoten vertellen, want je moet het gewoon een keertje proberen. Misschien is dit recept wel een goede reden om voor het eerst een reep in je winkelmandje te gooien!

Voor 1 bananenbrood

3 rijpe bananen (+ 1 ter decoratie)

1 eetlepel citroensap

2 eetlepels plantaardige olie (wij gebruiken gesmolten kokosolie)

85 gram suiker (wij gebruiken kokossuiker)

210 gram rijstmeel (dit kan ook vervangen worden door bijvoorbeeld speltmeel)

50 gram havervlokken

een snuf zout

½ theelepel bakpoeder

½ theelepel baking soda

1 klein reepje Vego chocolade

Bakvorm

cakeblik

Wat ga je doen?

Verwarm je oven voor op 190 graden

Prak in een kom de bananen fijn. Voeg hier het citroensap, de (kokos)olie en (kokos)suiker aan toe. Roer door met een houten lepel.

Mix in een andere kom het rijstmeel, de havervlokken, het zout, bakpoeder en de baking soda.

Voeg de natte ingrediënten bij de droge en roer héél rustig door met een houten lepel. Door rustig te roeren voorkom je dat je beslag gaat 'bruisen'. De baking soda, bakpoeder en meel kunnen een soort chemische reactie geven als je te hard mixt.

Hak de Vego chocolade in blokjes en voeg toe aan het beslag.

Vet een cakeblik lichtjes in met (kokos)olie en schep het beslag in het blik. Snijd de banaan in de lengte doormidden en leg op de cake. Zet het brood voor 45 minuten in de oven.

***PS** Nog even een waarschuwing om teleurstelling te voorkomen: bananenbrood wordt nooit heel erg mooi of 'instagramworthy'. Het is niet zoals een kleurrijke taart of een glitterende cupcake. Dat neemt niet weg dat bananenbrood een van de allerlekkerste vegan dingen is die je kunt bakken, dus laat je vooral niet afschrikken en ga er gewoon voor.*

TIP *Op ons blog vind je nog meer varianten op dit bananenbroodrecept. Wat denk je bijvoorbeeld van een bananenbrood met kokos en citroen? Of met blauwe bessen? Of wat denk je van noten en rozijnen? Wanneer je de zoekfunctie op onze site gebruikt en 'bananenbrood' invoert, krijg je alle recepten te zien. Ook hebben we op YouTube een video geplaatst waarin je ziet hoe je een bananenbrood bakt. Makkelijker wordt het niet!*

BANANA SOFTSERVE

Een van de allerbeste ontdekkingen sinds we vegan zijn gaan eten? Banana softserve. Geen twijfel over mogelijk. IJs bij het ontbijt - wie wil dat nou niet? Alles wat je nodig hebt, is bevroren fruit. En oké, als je helemaal los zou willen gaan, dan kun je natuurlijk toppings als koekjes en chocolade toevoegen. Het is jouw feestje, dus jij bepaalt de regels. Wij kiezen meestal voor bananen gecombineerd met ander bevroren fruit, zoals aardbeien, mango of blauwe bessen. Verder voegen we graag kokosflakes, geroosterde boekweit en dadels toe. Probeer dit ontbijt één keer en je bent verslaafd!

Voor 2 flinke porties

6 rijpe bananen

bevroren fruit zoals bessen, mango, frambozen (optioneel)

Wat ga je doen?

In feite is het heel simpel: doe bevroren bananen in een blender en klaar ben je. Toch hebben we in de afgelopen jaren dat we dit ontbijt hebben gemaakt wel een aantal manieren geleerd om de ultieme softserve te maken. Hier volgen onze tips:

Dag van te voren: schil de bananen en snijd ze in 3-4 stukken. Leg ze in een diepvriesbestendige doos met een deksel die goed afsluit. Zet ze in de vriezer. Laat de bananen daar minimaal 8 uur liggen. Wij hebben gemerkt dat je de romigste softserve krijgt als je de bananen niet langer dan 12 uur in de vriezer laat. De banaan wordt dan keihard waardoor het erg lang duurt om de goede consistentie te krijgen. Je keukenmachine of blender zal dan ook meer moeite hebben om de bananen goed te pureren.

De volgende dag: doe de bevroren bananen in de keukenmachine of (sterke) blender, met niet meer dan 5 stukken tegelijk. Laat dit eventjes draaien en voeg nog 5-6 stukken toe (doe er ook eventueel nog ander fruit bij). Het ligt aan de kracht van jouw keukenmachine of blender hoe lang het duurt. Na 3-8 minuten heb je een romige softserve. Schep dit in een kom en maak portie 2 op dezelfde manier.

Let op: gebruik alleen heel rijpe bananen voor het lekkerste resultaat, maar ook om buikpijn te voorkomen (onrijpe bananen willen nog wel eens voor maagpijn zorgen). Haal áltijd de schillen van de bananen af, voordat je ze invriest. De schil verwijderen na het vriezen is praktisch onmogelijk.

VEGAN GOOD LIFE

TAART VAN DOPHERT

Kennen jullie DopHert in Amsterdam al? Deze veganistische lunchroom is fantastisch en de moeite van een bezoekje waard. Je eet hier onder andere allerlei lekkere taartjes en burgers en als we eraan denken krijgen we alweer trek. Laura en Balda, de vrolijke gezichten achter DopHert, maakten deze prachtige taart voor de covershoot van ons boek. Op de voorkant van dit boek zie je de Groene Meisjes dus helemaal in hun element: met een stuk taart in onze handen. We vinden het te gek om het recept van deze taart met jullie te mogen delen.

Voor 1 grote taart

500 ml plantaardige melk

2 eetlepels appelciderazijn

160 ml zonnebloemolie

125 ml koud water

390 gram tarwebloem

400 gram kristalsuiker

2 theelepels bakpoeder

2 theelepels baking soda

1 theelepel zout

1 zakje vanillesuiker

rasp van de schil van 1 citroen

1 kuipje Toffuti creamcheese (te koop bij de biowinkel)

3 flinke eetlepels sojaboter

125 gram poedersuiker

aardbeien, bosbessen, frambozen ter garnering

Bakvorm

2 springvormen van ø 24/26 cm

Wat ga je doen?

Verwarm je oven voor op 175 graden

Meng de plantaardige melk met de azijn in een grote beslag-kom. Laat dit 5 minuten staan.

Voeg vervolgens het water, de olie en citroenrasp toe. Roer goed door.

Doe alle droge ingrediënten in een aparte kom. Meng goed. Voeg vervolgens de droge ingrediënten bij de vochtige ingrediënten - het liefst door de droge ingrediënten door een zeef te halen.

Roer het geheel met een garde tot alles is gemengd en verdeel de massa vervolgens over 2 ingevette springvormen van 24/26 cm doorsnede.

Zet de cakes voor 30 minuten in de oven.

Als de cakes helemaal (!) zijn afgekoeld, maak je de frosting. Hiervoor mix je de vegan creamcheese (Tofutti), boter en poedersuiker met een handmixer op de laagste stand.

Op de eerste cake smeer je de eerste helft van de frosting. Versier met fruit.

Leg de tweede cake er voorzichtig bovenop en verdeel de rest van de frosting en het fruit over de bovenkant. Garneer met wat verse muntblaadjes voor de gezelligheid.

TIP *Dit is echt een gigantische taart die zeer geschikt is voor feesten en partijen. Je kunt hier met gemak met 8-10 personen van eten.*

HAZELNOTENTAART

Het liefst zouden we dit recept 'Vegan Nutellataart' noemen, maar we weten dat veel mensen dit misleidend vinden. Nutella is namelijk geen veganistisch product en daarbij komt dat het ook nog eens helemaal niet zó goed voor je is. Dus maakten we zelf een hazelnotenspread en toen we daar een paar boterhammen mee hadden belegd wisten we: dit is zo lekker, hier moeten we een taart van maken! En zo geschiedde. Het werd een glutenvrije taart met suikervrije vegan 'Nutella' en gekarameliseerde hazelnoten on top. Het recept namen we op in ons ontbijtrecepten e-book onder de categorie 'Feestontbijtjes'. Dat leek ons wel een gepaste naam, toch?

Voor 1 taart

1 hoeveelheid vegan hazelnotenpasta (zie volgende pagina)

140 gram rijstmeel (je kunt ook een andere meelsoort gebruiken)

50 gram suiker (wij gebruiken kokossuiker)

½ theelepel baking soda

een snufje bakpoeder

2 eetlepels appelmoes

½ theelepel vanille-extract

60 ml water

60 ml plantaardige melk

1 eetlepel citroensap

100 gram hazelnoten

anderhalve eetlepel agavesiroop, maple syrup of rijststroop

Bakvorm

taartblik van ø 16 cm

Wat ga je doen?

Verwarm de oven voor op 180 graden

Eerst maak je de vegan hazelnotenpasta, zie volgende pagina.

Meng het meel, de suiker, baking soda en bakpoeder in een kom. In een andere kom meng je de appelmoes, het vanille-extract, het water, de plantaardige melk en het citroensap.

Voeg de vochtige ingrediënten bij de droge ingrediënten en roer heel kort door elkaar. Doe het deeg zo snel mogelijk in een ingevet taartblik van rond de 16 cm diameter en zet in de oven. Na ongeveer 30 minuten is de cake klaar.

Verwarm ondertussen de ahorn-, agavesiroop of rijststroop in een steelpannetje. Leg een stuk bakpapier op een groot bord. Hier gaan de hazelnoten straks op afkoelen.

Zodra de stroop begint de pruttelen leg je de hazelnoten in de pan. Roer goed door. Na 1-2 minuten zijn de noten klaar. Laat ze afkoelen op het bakpapier.

Haal de cake uit de oven na 30 minuten en laat minimaal 20 minuten afkoelen. Smeer de cake in met de vegan hazelnotenpasta en serveer met de gekarameliseerde hazelnoten.

VEGAN HAZELNOTENPASTA

Voor 1 hoeveelheid

10 gedroogde dadels, zonder pit

140 gram hazelnoten

2 eetlepels cacaopoeder

1 theelepel vanille-extract

snufje zout

3 eetlepels plantaardige melk

Wat ga je doen?

Week de dadels in een bakje met warm water. Laat minimaal 20 minuten staan tot de dadels goed zacht zijn.

Rooster de hazelnoten in de oven. Dit doe je door ze op een bakplaat te leggen en ze voor 12-13 minuten op 180 graden in de oven te zetten.

Laat de hazelnoten even afkoelen. Leg de noten vervolgens in een schone theedoek. Maak wrijvende bewegingen met je handen om de velletjes van de hazelnoten te verwijderen.

Doe de hazelnoten in je keukenmachine en laat deze 5-10 minuten draaien.

Voeg nu de dadels, cacaopoeder, vanille, zout, amandelmelk en 2 eetlepels van het water waarin je de dadels hebt geweekt toe. Laat draaien tot alle ingrediënten goed gemixt zijn. Het resultaat? Romige 'Nutella'!

TIP *Om de vegan hazelnotenpasta extra lang goed te houden, bewaar je de spread in een glazen pot, die goed af te sluiten is, in de koelkast. Maar goed, we wensen je veel succes met het bewaren... het is namelijk veel te lekker!*

ANANASTAARTJE

Geen zin of tijd om een hazelnotentaart te bakken? Of heb je een notenallergie? Misschien is deze ananastaart dan iets voor jou. Het is namelijk precies dezelfde bodem, maar dan met een topping van fruit! Een lekker fris en snel alternatief.

Voor 1 taart

Voor de bodem

140 gram rijstmeel (je kunt ook een andere meelsoort gebruiken)

50 gram suiker (wij gebruiken kokossuiker)

½ theelepel baking soda

een snufje bakpoeder

2 eetlepels appelmoes

½ theelepel vanille-extract

60 ml water

60 ml plantaardige melk

1 eetlepel citroensap

Voor de topping

1 ananas

2 eetlepels water

1 eetlepel maizena

2 eetlepels rijststroop, agavesiroop of suiker

1 eetlepel kokosmelk (optioneel)

kokossnippers

Bakvorm

taartblik van ø 16 cm

Wat ga je doen?

Verwarm de oven voor op 180 graden

Vet een taartblik in. Mix het meel, de suiker, baking soda en bakpoeder in een kom.

Mix de appelmoes, vanille-extract, water, plantaardige melk en citroensap in een andere kom. Voeg de vochtige ingrediënten bij de droge.

Roer rustig door en schenk zo snel mogelijk in het taartblik. Zet voor ongeveer 30 minuten in de oven.

Maak ondertussen de saus. Snijd de ananas in kleine blokjes (in totaal ongeveer 300 gram). Doe de ananas met het water, maizena, rijststroop/suiker en eventueel kokosmelk in een pannetje. Breng langzaam aan de kook en laat 5-6 minuten koken. Roer paar keer goed door. Prak ook wat ananasblokjes met een vork fijn. Uiteindelijk ontstaat er een stevige saus.

Haal de taart uit de oven en laat minimaal 15 minuten afkoelen. Serveer met de ananassaus en kokossnippers.

TIP *Je kunt natuurlijk ook ander fruit gebruiken. Wat dacht je van aardbeien, bosbessen, perziken of abrikozen?*

RODE LINZENSOEP MET KOKOSMELK

Als je het hebt over een succesrecept van de Groene Meisjes, dan heb je het toch wel over onze rode linzensoep. We zouden absoluut niet meer bij kunnen houden hoe vaak we al een foto van deze soep gedeeld hebben gekregen. Het lijkt wel alsof álle lezers van onze site deze soep al hebben gemaakt en het lijkt ook wel alsof íedereen het lekker vindt. En dat terwijl het zo'n super makkelijk en snel recept is. Waar wacht je nog op?

Voor 3 tot 4 kommen

1 ui

2 teentjes knoflook

1 theelepel koriander-poeder

2 theelepels kerriepoeder

2 theelepel komijn-poeder

1 theelepel kurkuma

1 blik gepelde tomaten

1 liter groentebouillon

300 gram gedroogde rode linzen

1 rode peper

1 blik kokosmelk

1 aardappel (optioneel)

peper en zout naar smaak

snuf kaneel

1 handje koriander (garnering)

Wat ga je doen?

Verhit een scheutje plantaardige olie in een soeppan. Snijd de ui en de knoflook fijn en fruit dit kort in de pan. Voeg de helft van de gedroogde kruiden toe en laat dit alles heel eventjes roosteren.

Voeg de gepelde tomaten toe en roer dit door de uienmix. Schenk vervolgens de groentebouillon in de pan. Doe ook de linzen in de pan.

Snijd de rode peper in de lengte door midden, haal de uiteinden eraf en haal de pitjes eruit. Voeg de peper in zijn totaliteit toe aan de soep en laat meekoken.

Voeg de helft van het blik kokosmelk toe (voeg eventueel een aardappel toe, dit zal de soep iets romiger maken). Laat de soep voor 20-25 minuten koken. Laat wat langer staan als de linzen nog niet zacht zijn.

Pureer de soep met een staafmixer. Als je een minder pittige soep wilt, haal dan eerst de rode peper eruit.

Voeg nu eventueel de andere helft van de gedroogde specerijen toe als je de soep wat kruidiger wilt maken. Doe er ook een snuf kaneel bij en eventueel wat peper en zout om de soep op smaak te brengen.

Roer de andere helft van het blik kokosmelk door de soep. Garneer met de koriander.

TIP *Gedroogde rode linzen kun je bij de Turkse supermarkt voor heel weinig geld in enorme zakken kopen. Handig voor als je een rode-linzensoep-verslaving voelt opkomen (geloof ons, deze kans is vrij aanwezig).*

BROCCOLISOEP

Sesam en broccoli vormen een verrassend lekkere combinatie. Voor deze soep, en voor meerdere recepten die nog volgen, gebruiken we tahin. Misschien ken je dit product nog niet: tahini is sesampasta en je koopt het bij de Turkse supermarkt. Ook kun je het vinden in de supermarkt, in het schap met de exotische producten. Een potje tahin in huis hebben is altijd een goed idee!

Voor 2 kommen soep

2 teentjes knoflook

1 theelepel komijnpoeder

2 stronken broccoli, gesneden in roosjes (wij kwamen uit op 560 gram)

750 ml groentenbouillon

1 hand spinazie (optioneel)

2 eetlepels tahini

sap en rasp van een halve citroen

sesamzaadjes

za'atar kruiden (optioneel)

Wat ga je doen?

Verhit een scheutje plantaardige olie in een soeppan en bak de gesneden knoflook samen met de komijn voor 2 minuten.

Voeg de broccoli en bouillon toe aan de pan. Breng aan de kook, zet de deksel op de pan, verlaag het vuur en kook 5-7 minuten. De broccoli moet gaar zijn maar niet te doorgekookt.

Voeg eventueel een hand spinazie toe aan de soep. Pureer de soep met een staafmixer.

Kook de soep nog een paar minuten door.

Roer de tahini en citroensap door de soep. Serveer met citroenrasp, extra tahin, sesamzaadjes en za'atar.

HUMMUS

Of is het nou houmous? In Israël eten ze dit gerecht graag als ontbijt - lekker in een diep bord en dan dippen met versgebakken pita's en groenten. Toen wij voor het eerst een bakje hummus kochten in een Nederlandse supermarkt hadden we hier eerlijk gezegd geen idee van. Pas toen we bij een Israëlisch restaurant gingen eten, kwamen we erachter hoe lekker het is om hummus op die manier te eten. Maar dat neemt niet weg dat we ook heel blij zijn met hummus als broodbeleg. Toen wij stopten met het eten van kaas en overstapten naar pindakaas en andere vegetarische spreads, misten we toch iets hartigs. Hummus is the answer!

Voor 1 portie

1 blik kikkererwten + 2/3 van het 'sap' uit het blik (400 gram)

1 eetlepel tahini

1 theelepel cayennepeper

1 theelepel paprikapoeder

snuf zout en peper

1 teentje knoflook

het sap van een halve citroen

scheutje olijfolie (optioneel)

Wat ga je doen?

Doe alle ingrediënten in een blender of keukenmachine en laat draaien tot je een mooie, gladde massa hebt. Proef tussendoor en voeg eventueel meer kruiden of limoensap toe. Op de foto zie je een serveersuggestie: op een broodje met gegrilde groenten, rauwkost en teriyakisaus.

Experimenteer lekker met wat voor kruiden of groenten je door je hummus mixt. Wat denk je van hummus met avocado en limoen? Of gerookte paprika? Of verse koriander en citroen? Probeer ook eens een halve mango en wat currypoeder. Allemaal even lekker!

***PS** Dit recept hebben we niet zelf bedacht, maar kregen we jaren geleden van onze vriendin Jaimie. Al enorm veel lezers hebben dit recept gemaakt en iedere keer is weer de reactie: 'wow, dit is écht heel lekkere hummus!' En dat vinden wij ook... Thanks Jaim!*

TIP *Voor de romigste hummus haal je eerst de velletjes van de kikkererwten af. Dit is nogal wat werk, maar het is het zeker waard.*

WRAP MET CURRY-KIKKERERWTEN

Wraps zijn geweldig. Ze zijn lekker, heel makkelijk en snel te maken en daarnaast kun je ze gemakkelijk verpakken en meenemen naar je werk of naar school. Wij vullen wraps met van alles: hummus en gegrilde groenten en Mexicaanse chili bijvoorbeeld. Maar een van onze favorieten is deze wrap met curry-kikkererwten.

Voor 4 wraps

1 blik kikkererwten

2 eetlepels water

2 eetlepels currypoeder

1 eetlepel citroensap

2 theelepels mosterd

¼ theelepel knoflookpoeder

¼ theelepel uienpoeder

¼ theelepel paprikapoeder

¼ theelepel gemberpoeder

4 wraps

rauwkost voor in de wrap: sla, avocado, tomaat etc.

Wat ga je doen?

Laat het blik kikkererwten uitlekken.

Mix ondertussen de andere ingrediënten door elkaar in een kom. Voeg de kikkererwten toe aan de kom en roer door.

Zet een pan op het vuur en verwarm de gekruide kikkererwten voor paar minuten.

Schep de kikkererwten in de wraps en vul verder met de rauwkost.

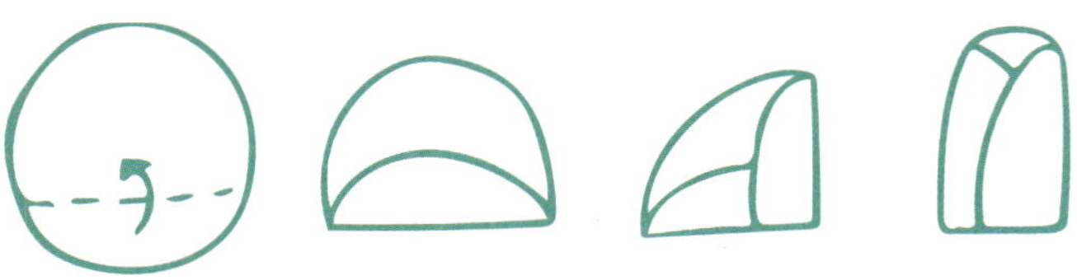

REUBEN SANDWICH MAAR DAN ANDERS

Wij vinden het leuk om totaal niet-vegan gerechten te veganiseren. Immers, waarom zou je je beperken tot gerechten die van origine al plantaardig zijn? In Amerika kun je overal een Reuben sandwich eten. Dit is een sandwich met rundvlees, kaas, zuurkool en Thousandislanddressing. Kortom: *not so vegan at all*. Het idee van deze sandwich klonk toch wel heel aantrekkelijk - zuurkool op brood is gewoon heel lekker - dus gingen we op zoek naar manieren om de ingrediënten te vervangen. Zo gebruikten we in plaats van rundvlees bijvoorbeeld portobello's en maakten we onze eigen Thousandislanddressing. De kaas lieten we weg en in plaats van een sandwich, kozen we voor een wrap. Kortom, er is weinig overgebleven van de originele Reuben sandwich, maar dat maakt niet uit, want het resultaat is érg goed. Dit kon trouwens ook wel eens het perfecte anti-katervoer zijn.

Voor 2 wraps

2 wraps

1 portobello

1 eetlepel sojasaus

200 gram zuurkool

4 zongedroogde tomaatjes

2 handjes spinazie

Voor de saus

4 eetlepels veganistische mayonaise

1 eetlepel ketchup

½ theelepel chilipoeder

¼ theelepel knoflookpoeder

¼ theelepel uienpoeder

½ theelepel mosterd

Wat ga je doen?

Verwarm een grillpan op het vuur. Maak de portobello schoon met een borsteltje of keukendoek en snijd het harde steeltje aan de onderkant eraf.

Smeer de portobello in met sojasaus en leg op de grillpan. Grill zo'n 6 minuten per kant.

Mix ondertussen de ingrediënten voor de saus door elkaar.

Leg de laatste 2 minuten de zuurkool bij de portobello op de grillpan. Voeg ook de gesneden zongedroogde tomaatjes toe en verwarm het geheel goed door.

Haal de zuurkool en de portobello van de grill en snijd de portobello in repen.

Verwarm de wraps volgens de instructies op de verpakking en vul met zuurkool, portobellorepen, spinazie en saus.

TIP *Een lekkere toevoeging is avocado!*

GRIEKSE PITA MET TZATZIKI

We weten dat er bij verschillende winkels vegetarische en/of vegan gyros te koop is, maar eerlijk gezegd vinden we kant-en-klare vleesvervangers niet altijd even lekker. Daarbij komt dat dit soort producten soms best wel prijzig zijn. Het kan lekkerder en goedkoper, denken wij, en dus maken wij altijd deze variant. Nee, het lijkt nog niet eens op vlees, maar wacht maar tot je dit broodje eet. Het doet je in alles denken aan het oude vertrouwde broodje dat je vroeger misschien in Griekenland op vakantie at. Onze vriend Tasos, die half Grieks is, bevestigt dit. Hij, als echte gyroskenner, vindt dit recept ontzettend lekker. Dus ja, dan weet je gewoon dat je goed zit.

Voor 4 pita's en lekker veel saus

Voor de tzatziki

250 ml naturel (ongezoete) sojayoghurt

het sap van ½ citroen

een klein teentje knoflook

1 komkommer

snufje zout

½ theelepel gedroogde dille

paar blaadjes munt

Voor de vulling

1 grote ui

1 blik kidneybonen, uitgelekt

paar snuffen gerookt paprikapoeder

2-3 pitabroodjes

rauwkost, zoals spinazie, sla, geraspte wortel, augurk

Wat ga je doen?

Bak de pitabroodjes af volgens de instructies op de verpakking.

Mix de sojayoghurt, het citroensap, de geperste knoflook, dille en zout goed door elkaar.

Rasp de komkommer en pers (met je handen) het vocht eruit. Mix de komkommer door de sojayoghurt. Knip of snijd de blaadjes munt in kleine stukjes en voeg toe aan de saus.

Verhit een scheut plantaardige olie in een koekenpan. Snijd de ui in dunne halve maantjes en bak deze een paar minuten in de pan.

Voeg de kidneybonen toe en bak mee. Voeg paprikapoeder naar smaak toe. Bak nog 4-5 minuten tot de kidneybonen opgewarmd zijn.

Vul de broodjes met de bonenmix, rauwkost en een goede schep tzatziki (niet te zuinig!).

FALAFEL VAN ZOETE AARDAPPEL

Een van de lekkerste vleesvervangers moet toch wel falafel zijn. Je kunt het, sinds een paar jaar, op iedere hoek van de straat krijgen en ook de supermarkten verkopen pakjes met kant-en-klare falafelballetjes. Dat is lekker, maar nóg lekkerder is het om ze zelf te maken. Deze falafels maak je niet van kikkererwten (zoals dat gebruikelijk is), maar met zoete aardappel. Hoe lekker dat is, ga je ontdekken als je dit recept uitgeprobeerd hebt. We verklappen je alvast wat het antwoord gaat zijn: héél lekker!

Voor 20 falafelballetjes

½ eetlepel gebroken lijnzaad

2 eetlepels water

2 medium grote zoete aardappels (ongeveer 500 gram bij elkaar)

2 theelepels komijnpoeder

2 theelepels korianderpoeder

2 teentjes knoflook

¼ theelepel cayennepeper

snufje zout naar smaak

flinke hand verse peterselie

sap van 1 citroen

90 gram kikkererwtenmeel

½ theelepel bakpoeder

sesamzaad

Wat ga je doen?

Verwarm de oven voor op 200 graden

Mix het lijnzaad met het water in een kommetje en zet apart.

Schil de zoete aardappels en kook ze. Maak ze daarna droog met een theedoek. Pureer de gekookte zoete aardappels met een vork of aardappelstamper.

Mix lijnzaad (met water), zoete aardappel, komijn, koriander, cayennepeper, zout, peterselie en citroensap in een kom. Pers de teentjes knoflook uit en doe deze ook bij de mix. Roer door. Mix het kikkererwtenmeel met het bakpoeder in een losse kom.

Voeg steeds een beetje kikkererwtenmeel bij de aardappelmix en schep rustig door met een lepel. Doe dit niet te stevig want dan mislukt je beslag. Het wordt een behoorlijk dik en stevig beslag.

Maak rond de 20 balletjes van het deeg en leg op een met bakpapier beklede bakplaat. Besprenkel de falafel met wat sesamzaadjes.

Bak de zoete aardappel falafel in de oven voor 20-25 minuten (houd je oven goed in de gaten om aanbranden te voorkomen). Serveer de falafel bijvoorbeeld in een flatbread met groenten en tahinisaus*.

* ***Minireceptje tahinisaus*** - Mix 8 eetlepels tahini, 7 eetlepels water, 1 teentje knoflook, 2 eetlepels citroensap en een theelepel verse peterselie in de blender/keukenmachine.

TIP *Wij kiezen ervoor om de falafels in de oven te bereiden, zodat je geen olie hoeft te gebruiken. Frituren is ook een optie. Minder gezond misschien, maar ook heel lekker.*

ONE POT PASTA

Waarom moeilijk doen als het makkelijk kan? Vegan eten kan juist enorm eenvoudig zijn. En ook nog eens heel gunstig voor je budget! Voor de volgende twee recepten heb je een halve courgette nodig. Handig dus om twee dagen na elkaar te maken.

Voor 2 porties

een halve courgette
twee teentjes knoflook
4 champignons
180 gram pasta
250 ml groentebouillon
1 blik tomatenblokjes
1 eetlepel tomatenpuree
½ theelepel gedroogde rozemarijn
½ theelepel gedroogde oregano
½ theelepel suiker of rijststroop

Wat ga je doen?

Snijd de courgette in stukken. Verhit een scheut plantaardige olie in een pan en voeg courgette en gesneden knoflook toe. Bak dit 5 minuten.

Snijd de champignons in plakjes en bak dit nog 3 minuten mee. Haal de mix vervolgens uit de pan en leg opzij.

Doe vervolgens de pasta, bouillon, tomatenblokjes, tomatenpuree, kruiden en suiker in dezelfde pan. Breng aan de kook, doe de deksel op de pan, verlaag het vuur en laat 10 minuten pruttelen. Laat iets langer koken als de pasta nog niet goed gaar is.

Roer de courgette en champignons door de saus en voeg nog eventueel wat zout en peper toe.

PINDA NOODLES

Voor 2 porties

2 porties noodles (wij gebruiken rijstnoodles)

een halve courgette

een halve rode ui

½ theelepel sambal

Voor de saus

2 eetlepels pindakaas

2 eetlepels sojasaus

2 eetlepels water

een half teentje knoflook

1 eetlepel citroensap

een snufje suiker of theelepel rijststroop

paar snufjes gemberpoeder

paar druppels sesamolie

Wat ga je doen?

Kook de noodles volgens de aanwijzingen op de verpakking.

Snijd de courgette in kleine blokjes en snipper de ui. Verhit een scheutje plantaardige olie in de pan en bak de ui en courgette voor 8 - 10 minuten.

Mix ondertussen de saus ingrediënten.

Voeg de sambal toe aan de courgette-ui mix en bak nog 1 minuut mee.

Giet de noodles af en zet terug op het vuur. Schenk de pindasaus erbij en verwarm nog 2 minuten mee. Blijf doorroeren zodat het niet aanbrandt.

Serveer de noodles met de courgette.

ITALIAANSE SALADE MET TEMPEH

Tempeh wordt vaak verwerkt in Aziatische gerechten. Het leuke is dat tempeh een ontzettend veelzijdig product is - je kunt er iedere smaak aan geven die je maar wilt. Wij kozen hier voor een Italiaanse variant.

Voor 2 - 3 personen

200 gram tempeh

1 eetlepel olijfolie

2 eetlepels balsamico-azijn

1 eetlepel sojasaus

1 teen knoflook, geperst

½ theelepel gedroogde rozemarijn

½ theelepel gedroogde tijm

½ theelepel gedroogde basilicum

½ theelepel gedroogde oregano

200 gram spinazie

2 geroosterde paprika's

een halve komkommer

2 tomaten

¼ rode ui

paar plakjes olijven

amandelschaafsel

Wat ga je doen?

Snijd de tempeh in heel kleine blokjes.

Doe de olijfolie, azijn, sojasaus, knoflook en gedroogde kruiden in een bakje met een deksel. Voeg de tempeh toe, sluit de bak en schud door elkaar. Laat de tempeh minimaal 1 uur in de koelkast staan.

Snijd de geroosterde paprika's, komkommer, tomaten en ui en leg bij de spinazie en olijven op een bord. Voeg ook de tempeh toe.

Rooster het amandelschaafsel kort in een pannetje en strooi dit over de salade.

KOKOSCURRY

Wanneer we geen zin hebben om naar de winkel te gaan voor boodschappen, halen we onze voorraadkasten overhoop. Vervolgens koken we met wat we nog tegenkomen. Dit recept voor een overheerlijke kokoscurry is het resultaat van zo'n 'sessie'. Grappig genoeg komen hier soms de beste recepten uit voort; herken je dat?

Voor 2 porties

1 ui

1 teentje knoflook

6 zongedroogde tomaatjes

1 eetlepel (geraspte) verse gember

½ theelepel chilivlokken

1 theelepel gemberpoeder

1 pot kikkererwten

1 blik kokosmelk

het sap en rasp van 1 citroen

een flinke hand bladspinazie

verse koriander naar smaak

rijst (Thaise rijst is het lekkerste bij dit gerecht)

Wat ga je doen?

Kook twee porties rijst, volgens de aanwijzingen op de verpakking.

Verhit een scheutje plantaardige olie in een pan. Snijd de ui in kleine stukjes en sauteer voor 5 minuten in de pan. Voeg vervolgens de geperste knoflook, gesneden zongedroogde tomaatjes, geraspte gember (ook het gemberpoeder) en chilivlokken toe. Bak mee voor 1 minuut.

Voeg nu de kikkererwten en de kokosmelk toe. Breng aan de kook, verlaag het vuur en laat 10 minuten pruttelen.

Voeg nu het sap en rasp van de citroen samen met de spinazie toe en verwarm nog 2 minuten door.

Serveer met rijst en garneer met verse koriander.

TIP *Deze kokoscurry is de dag nadat je het gekookt hebt nóg lekkerder. Maak dus een extra grote portie en bewaar iets voor de lunch van morgen!*

MEXICAANSE CHILI

Om te voorkomen dat dit een Mexicaans kookboek werd, hebben we één favoriet (basis-)recept gekozen uit de enorme lijst met Mexicaanse recepten die er op ons blog staan. De Mexicaanse keuken is onze favoriet en we blijven er maar bij terugkomen. Een paar van onze lievelingsrecepten zijn: quesadillas met spinazie, nachos met guacamole, gevulde gepofte zoete aardappel met Mexicaanse salade, en taco's met tempeh en limoensaus. O, en vergeet vooral de Mexicaanse tortillasoep niet! Uiteindelijk kozen we toch voor deze easy Mexicaanse Chili, omdat dit het ultieme comfortfood is, en daar houden we zo van.

Voor 2 porties

1 ui

2 teentjes knoflook

1 paprika

½ eetlepel komijn

½ eetlepel gedroogde koriander

½ theelepel chilipoeder

½ theelepel cayenne-peper of gerookt paprika-poeder (pimentón)

¼ theelepel kaneel

¼ theelepel oregano

1 blik kidneybonen

100 gram gekookte mais

1 blik (400 ml) tomatenblokjes

zout naar smaak

verse koriander

zak tortillachips naturel

Voor de guacamole

2 avocado's

sap van 1 limoen

stukje rode chilipeper

optioneel: koriander, ½ teentje knoflook, zout

Wat ga je doen?

Verhit een scheutje plantaardige olie in een pan. Snijd de ui in kleine stukjes en sauteer voor ongeveer 8 minuten.

Voeg vervolgens de paprika in stukjes gesneden, geperste knoflook en alle gedroogde kruiden toe met een klein scheutje water.

Voeg na een minuut de kidneybonen, mais, tomatenblokjes en zout toe. Breng aan de kook, verlaag het vuur en laat 10 minuten pruttelen.

Maak ondertussen de guacamole. Doe de inhoud van 2 avocado's, limoensap, rode chilipeper en paar blaadjes koriander in een keukenmachine. Voeg eventueel nog koriander en zout toe. Laat het draaien tot je een gladde guacamole hebt.

Schep op de borden en serveer met guacamole, verse koriander en tortillachips.

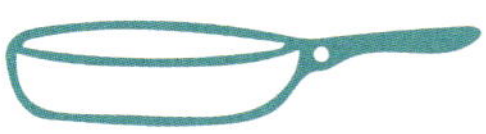

AZIATISCHE AARDAPPELSCHOTEL

Wat doe je als je heel erg van huisgemaakte ovenfriet én van Aziatische gerechten houdt? Dan maak je een Aziatische aardappelschotel. Denk aan ovenfriet, pindasaus, tofu, kokos en groenten. Zo simpel is het leven soms. We gaan niet zeggen dat je dit gerecht gewoon moet maken, want dat vinden we natuurlijk van alle recepten in dit boek, maar toch: maak het maar gewoon!

Voor 2 porties

4 grote aardappels (bijv. een mix van gewone en zoete aardappel)

1 blok tofu

2 eetlepels sojasaus

1 avocado

1 paprika

1 wortel

handje verse koriander

handje gehakte pinda's

handje geraspte kokos, kort geroosterd

Voor de pindasaus

4 eetlepels pindakaas

1 teentje knoflook, geperst

1 eetlepel sojasaus

een klein stukje gember, geperst (of gemberpoeder)

sap van 1 limoen of citroen

½ theelepel rijststroop, agavesiroop of maple syrup

1 theelepel sambal

3 eetlepels water

Wat ga je doen?

Verwarm de oven voor op 200 graden

Bedek een bakplaat met bakpapier of gebruik een rooster. Snijd de aardappels in dunne frietjes. Leg ze op de bakplaat en zet voor 30-40 minuten in de oven tot de buitenkant knapperig is.

Knijp voorzichtig het meeste vocht uit het blok tofu (met je handen) en snijd het in repen.

Verwarm een eetlepel (kokos)olie in een grillpan en leg de tofurepen erop. Bestrijk de repen met 1 eetlepel sojasaus. Draai de repen na 4-5 minuten om en bestrijk de andere kant met sojasaus. Grill de repen nog 3-4 minuten. Snijd de repen in kleine blokjes.

Maak ondertussen de pindasaus door alle sausingrediënten te mixen in een kom.

Verdeel de aardappel uit de oven over 2 borden. Serveer met de tofublokjes, reepjes paprika, blokjes avocado, reepjes wortel, koriander, pinda's, kokos en pindasaus.

GEVULDE GEPOFTE AARDAPPEL

Persoonlijk vinden wij dat aardappels nog best wel ondergewaardeerd worden, terwijl het zo'n lekkere groente is. Met aardappels kun je echt alle kanten op, dus wij vinden dat we ze meer zouden moeten eten. Een van de lekkerste manieren om aardappels te serveren is volgens ons door ze te poffen. Dit kun je gewoon in de oven doen, maar ook op de barbecue in folie. Vervolgens snijd je de aardappel open en vul je hem met wat je maar wilt. Power to the pieper!

Voor 2 gevulde aardappels

2 grote aardappels

4 eetlepels tahini

3 eetlepels citroensap

1 eetlepel currypoeder

¼ theelepel kurkuma, optioneel

2 - 3 eetlepels water

anderhalve eetlepel rijststroop, maple syrup of agavesiroop

snufje cayennepeper

100 gram kikkererwten, gekookt of uit blik

een handje rozijnen

paar kleine roosjes bloemkool

Garnering

wortel

cherrytomaatjes

augurk

Wat ga je doen?

Verwarm de oven voor op 220 graden.

Was de aardappels en smeer ze in met een klein beetje plantaardige olie. Prik ze een paar keer door met een vork. Leg de aardappels op een bakplaat of rooster en zet ze voor 40 minuten in de oven. Houd na 30 minuten goed de oven in de gaten zodat ze niet aanbranden.

Mix alle ingrediënten in een kom.

Haal de aardappels uit de oven, snijd open en vul met de currymix. Serveer met wortel, cherrytomaatjes en augurkjes.

GNOCCHI MET BROCCOLIPESTO

Een tijdje geleden waren wij op vegan kookvakantie in Zuid-Italië. Dat was natuurlijk fantastisch, dat hoeven we je waarschijnlijk niet eens uit te leggen. Van Mama Gabriella, de eigenaresse van de bed & breakfast waar we verbleven en waar we kooklessen volgden, leerden we zelf gnocchi te maken. Gnocchi wordt waarschijnlijk nooit lekkerder dan uit de keuken van Mama Gabriella. Helaas ontbreekt het ons nog wel eens aan tijd om álles zelf te maken, dus dan kiezen we voor kant-en-klare gnocchi. De saus of de pesto die we erbij serveren maken we uiteraard wel zelf.

Voor 2 porties

- 1 stronk broccoli, in stukjes gesneden – rond de 275 gram
- 35 gram pijnboompitten
- 35 gram cashewnoten
- 1 rijpe avocado
- 1 flinke hand verse basilicum (+ paar blaadjes ter garnering)
- 2 teentjes knoflook
- het sap van 1 citroen
- zout en peper naar smaak
- 2 porties gnocchi (200 gram)
- 2 zongedroogde tomaatjes

Wat ga je doen?

Verwarm je oven voor op 220 graden.

Leg de gesneden broccoli op een bakplaat en besprenkel met een beetje olijfolie. Zet in de oven.

Na 4 minuten voeg je de pijnboompitten en cashewnoten toe aan de bakplaat, om mee te laten roosteren in de oven. In totaal staat de broccoli 10 minuten in de oven (de pitten en noten dus 6 minuten).

Doe ondertussen de knoflook, avocado, citroensap en basilicum in een keukenmachine en laat draaien tot er een romige saus ontstaat.

Haal de broccoli, pijnboompitten en cashewnoten uit de oven en laat even afkoelen.

Voeg de cashewnoten en pijnboompitten toe aan de mix in de keukenmachine en laat nog even mee draaien.

Voeg tot slot de broccoli toe – met een paar stukjes per keer – en laat meedraaien tot het een mooi egaal geheel is geworden.

Wanneer de saus te dik blijft, kun je wat water toevoegen (wij voegden uiteindelijk 3 eetlepels water toe).

Kook de gnocchi volgens de aanwijzingen op de verpakking. Serveer met de koude saus en garneer met gesneden zongedroogde tomaatjes en wat extra verse basilicum.

CHOOSE
to be
OPTIMISTIC.
it feels
BETTER.

DALAI LAMA

GROEN LEVEN

CERTIFIED FAIR TRADE
Dr. Bronner's Magic Soaps
18-in-1 Hemp ROSE
PURE-CASTILE SOAP
MADE WITH ORGANIC OILS

DIERPROEFVRIJE COSMETICA

Iedereen heeft wel eens beelden gezien van laboratoria waar konijnen, aapjes en muizen allerlei nare testen moeten ondergaan. Dat hoeven we je waarschijnlijk niet in geuren en kleuren te beschrijven. Dat er vandaag de dag nog steeds dierproeven worden gedaan, om te testen of verzorgingsproducten wel geschikt zijn voor ons gebruik, is eigenlijk onvoorstelbaar. Er zijn regelgevingen die voorschrijven dat producten die in de EU worden geproduceerd niet meer op dieren mogen worden getest, maar helaas zijn er merken die zich hier niet aan houden. Deze merken laten de ingrediënten van hun producten bijvoorbeeld in landen buiten de EU (waar dierproeven nog niet verboden zijn) wél op dieren testen en zo is het eindproduct dus niet dierproefvrij te noemen.

Dat komt ten eerste doordat veel merken al tientallen jaren gewend zijn om op dieren te testen. Sommige merken maken zich totaal niet druk om het welzijn van dieren en/of weten niet hoe het anders kan. Daarnaast is er een belangrijke andere reden waarom veel merken nog steeds geen afstand hebben gedaan van dierproeven en dat is dat de producten in China moeten kunnen worden verkocht. Alle cosmetica die in China wordt verkocht, moét op dieren zijn getest. Dat is wettelijk verplicht, om zeker te stellen dat de producten veilig zijn voor de Chinese consument. En aangezien China een gigantisch land is, waar enorm veel geld te verdienen valt, zijn er veel merken die toch overstag gaan en om die reden blijven vasthouden aan dierproeven. China oefent dus een heleboel druk uit op de cosmeticamarkt.

DE OPLOSSING

Gelukkig zijn er tegenwoordig ook een heleboel merken die wél dierproefvrij zijn. Je kunt bij de aanschaf van deze merken letten op het 'Leaping Bunny-logo'. Dit logo mag alleen gebruikt worden op producten die 100% dierproefvrij zijn.

Baal je ervan dat jouw favoriete merk nog niet dierproefvrij is? Dat mag je gerust laten weten, bijvoorbeeld door het bedrijf een mailtje te sturen. Leg respectvol uit dat jij graag dierproefvrij wilt kopen, omdat je geen dierenleed wilt steunen. Een merk zal eerder veranderen als haar klanten hun behoeften duidelijk aangeven.

Leestip: het boek ***Skin Cleanse*** gaat zeer uitgebreid in op het hoe en waarom achter natuurlijke cosmetica. Een waarschuwing: je kunt behoorlijk schrikken van de effecten die sommige ingrediënten op je gezondheid, huid en haar kunnen hebben, dus je zult kritischer naar je badkamerkastje gaan kijken na het lezen van dit boek.

TIP Het Nederlandstalige blog **naoki.nl** houdt heel trouw een lijst bij met alle merken die dierproefvrij zijn. Wil je zeker weten of de producten die je van plan bent te gaan kopen dierproefvrij zijn, check dan eerst even deze site!

NATUURLIJKE COSMETICA

Dierproefvrije cosmetica staat helaas niet altijd gelijk aan natuurlijke cosmetica. In een dierproefvrij product kunnen altijd nog stoffen zitten die je misschien liever niet op je lichaam of in je haren wilt smeren. Het is dus altijd goed om de ingrediëntenlijst van een verzorgingsproduct te checken. Vervolgens betekent natuurlijke cosmetica weer niet per se veganistische cosmetica. De volgende ingrediënten mijden wij liever, omdat ze niet natuurlijk of niet vegan zijn.

NIET NATUURLIJK

Aluminium in deodorant

Een niet lichaamseigen stof die ervoor zorgt dat het zweet (inclusief gifstoffen) je lichaam niet uit kan.

Formaldehyde

Wanneer je deze stof inhaleert, kan het irriteren.

Parabanen

Synthetische stoffen die voor mensen met een gevoelige huid snel irriterend kunnen werken.

Siliconen

Kunnen de huid verstoppen.

SLS

Agressieve stoffen die je huid erg kunnen irriteren.

Plastic

Zie volgende pagina.

NIET VEGAN

Collageen

Wordt vaak gewonnen uit vissen en vind je terug in anti-verouderingsproducten.

Glycerine

Wordt vaak uit dierlijk vet gewonnen, maar is soms ook plantaardig. Dit staat op de verpakking.

Karmijn (ook bekend als E120)

Een rode kleurstof die gemaakt wordt van luizen.

Keratine

Wordt gewonnen uit haar, botten en hoeven van dieren.

Lanoline

Wordt gemaakt van wolvet, vaak uit de bio-industrie.

Zijde

Van zijderupsen. Wordt gebruikt in luxe crèmes.

Bijenwas en honing

Uiteraard dierlijke producten.

Wil je zeker weten dat een product geen dierlijke ingrediënten bevat én dierproefvrij is? Let dan op het Cruelty Free en het Vegan logo, dan weet je zeker dat je goed zit.

TIP Download de gratis app '**Beat the Microbead**' op je smartphone. Met deze app kun je producten scannen (er zit een barcodelezer in) om te checken of het product oké is of niet. In de app vind je een uitgebreide lijst van allerlei merken en producten, en op basis van deze lijst kun je makkelijker keuzes maken. Ook biedt de app meer nuttige informatie over veilige en onveilige producten. Echt een aanrader!

PLASTIC IN COSMETICA

Wist je dat er in heel veel verzorgingsproducten plastic verwerkt is? Het zijn minideeltjes, dus je merkt het bijna niet... toch is het zo! Die kleine deeltjes noemen we microbeads en ze zorgen voor een enorme vervuiling van ons water. Ongemerkt spoelen we kilo's plastic *down the drain* en dat is nergens voor nodig.

Waarschijnlijk zou niemand een tube gezichtsscrub kopen waarop met grote letters staat: 'Let op, hier zitten stukken plastic in.' Maar door het te verstoppen in de ingrediëntenlijst, onder een naam die we niet kennen, worden we toch verleid het te gebruiken. De naam die het meest wordt gebruikt om plastic te 'verstoppen' is 'Polyethyleen.' Vooral **peeling- en scrubproducten** zitten er barstensvol mee. Maar ook in **tandpasta** en **shampoo** tref je het aan. Wat je feitelijk doet is je gezicht of lichaam scrubben met plastic. Als je daar iets langer over nadenkt, is dat best wel een bizar idee.

Plastic kan je hormoonsysteem aantasten, zeker wanneer je het op je huid smeert. Los van de risico's voor je huid (en haar en tanden), is het misschien nog wel erger dat deze mini plastic deeltjes allemaal in de gootsteen belanden. En dus in het water. En dus in de zee. De zee is al zo vol met plastic; flessen, doppen, tassen, ander afval, je kan het zo gek niet bedenken. Moeten daar ook nog deze microbeads bij? Kun je je voorstellen wat dat wereldwijd betekent? Denk bijvoorbeeld eens na over de gevolgen die dit voor waterdieren (vissen, watervogels, enzovoort) heeft. Een gedachte waar niemand blij van wordt.

WAT KUN JE ERAAN DOEN?

Gelukkig wordt er gewerkt aan een verbod op plastic in cosmetica, maar zo ver is het helaas nog niet. Hoe kun je voorkomen dat je per ongeluk een product koopt waar plastic in verwerkt zit? Mijd producten met de volgende ingrediënten:

Polyethyleen • Polypropyleen • Polyethyleen tereftalaat • Polymethyl methacrylaat • Nylon

ONZE FAVORIETE COSMETICAMERKEN

LUSH

De prijs voor het meest kleurrijke merk gaat zonder twijfel naar Lush. Van dit 100% dierproefvrije merk worden wij al jaren erg blij. Alle producten van Lush zijn vegetarisch en een heel groot deel is ook nog eens geschikt voor veganisten. Het aanbod is enorm: van bruisballen voor in bad tot lippenstift, en alles ertussenin. Wat wij een bijkomend voordeel van Lush vinden, is dat veel producten zonder plastic verpakking worden geleverd. Zo kun je een stuk shampoo kopen, of een blok deodorant. Ze hebben zelfs tandpasta in de vorm van tabletjes, in plaats van in een tube. Niet alleen erg handig voor op reis, maar ook beter voor het milieu!

MÁDARA

Bij het Scandinavische merk MÁDARA komen wij keer op keer terug. Het is een wat duurder en luxer merk, dus wij zijn geen grootgebruikers, maar zo nu en dan doen we onszelf een plezier met een shampoo of een facewash van dit merk.

DR. BRONNER'S

Een supernatuurlijk product waar iedereen in Amerika fan van is - en niet onterecht - is Dr. Bronner's. Dit product bevat onder andere biologische extra vierge olijf-, kokos-, jojoba- en hennepolie en heeft oneindig veel toepassingen. Zo kun je je haar met deze zeep wassen, maar ook je tanden ermee poetsen of een vervelende vlek uit je kleding verwijderen. Kortom, met een grote fles Dr. Bronner's in huis zit je altijd goed.

TIP Een webshop die veel erg goede natuurlijke merken verkoopt is **Big Green Smile**. We hebben in de afgelopen jaren heel wat reviews geschreven over producten uit deze webwinkel. Je kunt ze vinden door de zoekfunctie op onze site te gebruiken en 'Big Green Smile' in te voeren. **www.biggreensmile.nl**

NAGELLAK

Nagellak wordt nooit echt natuurlijk. Immers, het is gewoon verf die je op je nagels smeert. Toch zijn er wel merken die minder schadelijke lakjes maken. Deze merken vermijden 'the big 3.' Dat betekent dat het product vrij is van de volgende ingrediënten: tolueen, formaldehyde en DBP. Ook zijn er merken die vrij zijn van 'the big 5' en dan ontbreekt ook formaldehyde resin en camphor in de producten. Merken die aan deze eisen voldoen en die ons erg goed bevallen zijn **Kure Bazaar**, **Zoya** en **Lola Barcelona**.

KIKO

DIY'S NATUURLIJKE COSMETICA

Over zelf maken gesproken: bijna alle cosmeticaproducten die je in je badkamerkastje hebt staan zijn te vervangen door een zelfgemaakte variant. Dat is niet alleen beter voor je huid en het milieu, maar ook nog eens heel goedkoop. Zelfs deodorant of tandpasta kun je zelf maken. Vaak hoef je alleen maar kokosolie, baking soda en eventueel een lekkere etherische olie in huis te hebben. Op internet zijn ontzettend veel DIY-receptjes te vinden.

TIPS

Wij hebben altijd een grote pot kokosolie in huis. Je kunt het voor meerdere doeleinden gebruiken. Je kunt het op je huid smeren, maar je kunt er ook prima mee bakken of zelfs frituren.

Bewaar altijd een paar lege potjes of flesjes van producten die je hebt gebruikt. Maak ze goed schoon en gebruik ze om je zelfgemaakte beautyproducten in te bewaren.

Bewaar zelfgemaakte cosmetica bij voorkeur in de koelkast. Omdat er geen conserveringsmiddelen in zitten en je bij sommige recepten vloeistoffen toevoegt, blijven de producten gekoeld langer houdbaar.

Bonustip: denk eens na hoeveel wattenschijfjes jij per week of per maand gebruikt. In veel huishoudens gaan er meerdere verpakkingen per maand doorheen. Overweeg eens om wattenschijfjes van biologisch katoen te kopen! Dit kan bij de biologische winkel, maar de meeste drogisten hebben tegenwoordig in hun huismerk ook wel een optie. Nog beter zou het zijn om geen wattenschijfjes weg te gooien, maar om ze zelf te maken van katoen en deze steeds weer opnieuw te gebruiken.

SUIKERSCRUB

Wat heb je nodig?

200 gram witte suiker

3 eetlepels avocado-olie

het sap van een halve grapefruit

Wat ga je doen?

Mix de ingrediënten rustig door elkaar met een lepel. Doe dit niet te lang, anders lost alle suiker op in het grapefruitsap. Je kunt de scrub op je gezicht en als body scrub gebruiken.

ROMIGE BODYBUTTER

Wat heb je nodig?

4 eetlepels kokosolie

4 eetlepels (50 gram) ongeraffineerde sheaboter

3,5 eetlepels amandelolie

20 druppels etherische olie naar keuze

Wat ga je doen?

Verhit de kokosolie, sheaboter en amandelolie in een pannetje op het vuur, totdat alles vloeibaar is geworden en de oliën goed gemengd zijn. Schenk in een bakje en zet voor een paar uur in de koelkast. Haal het eruit als het hard aan het worden is. Test: druk met een vinger in het mengsel. De olie moet niet helemaal hard zijn geworden; zorg dat je er met je vinger nog gemakkelijk in kunt drukken.

Mix de massa met een handmixer tot een luchtig en romig mengsel. Voeg tijdens het mixen de druppels etherische olie toe.

TIPS *1. Sommige mensen waarderen de geur van sheaboter niet zo. In dit geval kun je de sheaboter vervangen door extra kokosolie. 2. Maak van deze bodybutter een lekker verfrissende voetencrème door pepermuntolie toe te voegen.*

N.V. „NATIONAAL"
VOORBURG-HOLLAND

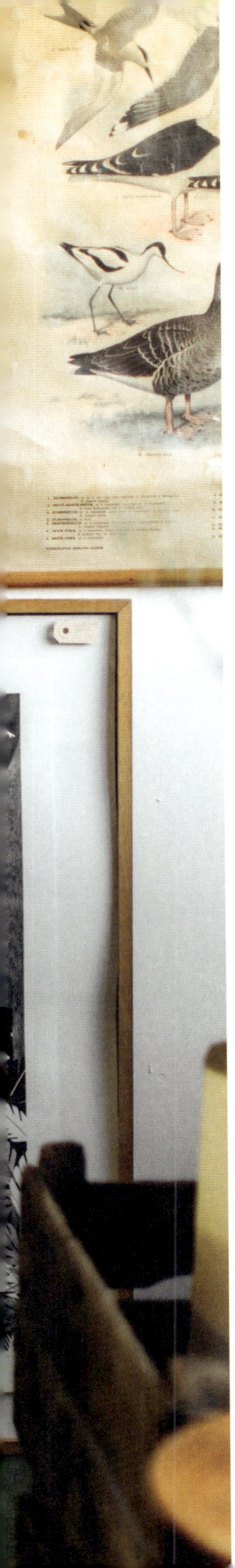

TWEEDEHANDS LIEFDE IN HUIS

Er zijn allerlei manieren om je huis groen in te richten. En je snapt: dan hebben we het niet over je huis letterlijk vol zetten met groene meubels en je muren behangen met groen behang. We hebben het over eco-friendly manieren om je huis mooi te maken. Waar kun je dan zoal aan denken? Breng bijvoorbeeld eens een bezoekje aan een ecologische bouwmarkt (jazeker, die bestaan! Zowel offline als online) en kijk eens wat je hier zoal tegenkomt. Je kunt denken aan eco-afbreekbare behanglijm of verf, maar aan ook vloeren van bamboe of gerecycled hout. Of wat te denken van gordijnen van biologisch katoen of linnen?

DUURZAAM EN SOCIAAL

Toch blijft volgens ons de beste manier om je huis groen in te richten om zoveel mogelijk tweedehands te gebruiken. Op naar de kringloop dus! Wij komen al jaren bij allerlei verschillende kringloopwinkels in het land en het lukt ons toch altijd weer om leuke dingen te scoren. We doen dit niet alleen omdat we het leuk vinden om een heel eigen stijl te creëren, maar ook omdat we het onnodig vinden om alles nieuw te kopen. Meubels en materialen ‘van vroeger’ zijn vaak van veel betere kwaliteit, waardoor ze langer meegaan dan de wegwerpmeubels die we vandaag de dag in de grote meubelwarenhuizen zien staan. Waarom een nieuwe tafel kopen, waarvoor toch weer allerlei spaarzame grondstoffen zijn gebruikt, als er ook een prachtig vintage-exemplaar te vinden is? Los van bovengenoemde redenen vinden we het leuk om bij een kringloopwinkel te kopen vanwege de sociaalmaatschappelijke functie die deze winkels vaak hebben.

Er werken niet zelden mensen die in onze maatschappij niet zo gemakkelijk aan een baan komen, bijvoorbeeld vanwege een bepaalde (lichte) (lichamelijke) beperking. Dat vinden wij mooi en we steunen dit soort initiatieven graag.

MEUK IS LEUK

Misschien ben je wel eens een kringloopwinkel in gewandeld en dacht je binnen vijf minuten: dit is niet mijn ding. Ja, het kan er naar de zolder van je oma ruiken. En je moet het ook een beetje treffen met het aanbod in de winkel. Sowieso wisselt het aanbod in een kringloopwinkel zo'n beetje iedere week doordat er steeds nieuwe dingen worden gebracht. Wil je een goed beeld krijgen van het aanbod van een winkel, dan zul je vaker moeten langsgaan. Dan nog geven we toe dat er winkels zijn waar echt alleen maar meuk wordt verkocht. Meuk is leuk, maar soms ben je op zoek naar iets anders. Wij houden er persoonlijk van als een kringloopwinkel goed overzichtelijk is ingedeeld, zodat je rustig kunt rondkijken. Andere mensen vinden het juist weer heerlijk om te schatgraven - letterlijk - tussen bergen spullen die gewoon ergens worden neergelegd. Als je hiervan houdt, houd je waarschijnlijk ook van vlooienmarkten.

Ja, het kan er naar de zolder van je oma ruiken.

Helaas hebben we de afgelopen jaren wel een nadelige ontwikkeling zien plaatsvinden. Kringloopwinkels in de Randstad zijn namelijk flink duurder geworden. Dat komt doordat het zo hip is om te kringlopen. Vroeger niet hoor, dan werd je voor gek verklaard als je je spullen of je kleding tweedehands kocht. We herinneren ons nog reacties als: 'De kringloop is toch alleen voor mensen met een uitkering?' en 'Stinkt dat dan niet?' Tegenwoordig zijn mensen bereid om heel veel geld neer te tellen voor een leuk authentiek theeblik uit de jaren '70. Natuurlijk vinden we het te gek dat mensen steeds meer tweedehands kopen, maar dat de prijzen zo moeten stijgen is erg jammer. Daarom gaan wij zelden naar kringloopwinkels in Amsterdam. Wij zoeken het liever buiten onze eigen stad.

ONZE FAVORIETE KRINGLOOPWINKELS

We gooien natuurlijk een beetje onze eigen glazen in door deze adresjes met jullie te delen, maar we gaan het toch doen. Dit zijn de winkels waar wij graag komen:

NOPPES

Zaandam

Noppes heeft nog meer filialen en we hebben ze allemaal al eens bezocht, maar in Zaandam blijven we terugkomen. Hoewel we Noppes vooral graag voor kleding bezoeken, hebben we er ook al veel platen en servies gekocht.

DORCAS

Aalsmeer

Dit is een van de best gesorteerde winkels die we kennen. In deze grote winkel kun je je gemakkelijk een uurtje vermaken. De kwaliteit is goed en de prijzen liggen laag.

OMRIN ESTAFETTE

St. Anna Parochie (Friesland)

Een nog onontdekt kringlooppareltje. Goedkoop en een ontzettend leuk aanbod. Ook op het gebied van het kleding is het goed scoren hier. Echt een aanrader!

DE KRINGLOPER

Naarden

In deze winkel middenin in het Gooi brengen mensen echt de mooiste spullen weg. We stellen ons voor dat er villa's van heel chique mensen worden leeggehaald en linea recta naar de Kringloper worden gereden. De organisatie heeft ook een filiaal in Hilversum, maar die in Naarden vinden wij leuker.

OPNIEUW & CO

Mortsel, België

Alle winkels van deze keten zijn een aanrader, maar onze favoriet staat in Mortsel. Er bestaan ook winkels onder dezelfde naam in Nederland, maar deze winkels vinden wij minder de moeite waard.

Mar Mediterrá

KRINGLOOP-SCHATTEN VINDEN

Even terug naar dat 'het ruikt hier naar de zolder van mijn oma'-gevoel. We snappen je wel hoor, je moet er even doorheen. Ook snappen we het wel dat er mensen zijn die vijf minuten rondkijken in zo'n winkel en denken: ik heb niks leuks gezien. Hoewel het echt zo moeilijk niet is, moet je de kunst van het kringlopen misschien toch een beetje onder de knie krijgen. We zullen je proberen uit te leggen hoe wij het aanpakken.

De grootste valkuil van het kringlopen was voor ons altijd dat we álles wilden kopen, omdat alles zo goedkoop was. *Wrong*. Wanneer je dit doet, verzekeren we je: je gaat de helft van je inkopen over een half jaar weer terug brengen, naar diezelfde kringloopwinkel. Wees dus selectief, ook al is het nog zo verleidelijk om alles mee te nemen.

Probeer van tevoren een plaatje te maken van je droominterieur. Maak een collage van plaatjes die je mooi vindt, zodat je een beetje weet waar je naar moet uitkijken wanneer je gaat shoppen. Het kan ook heel leuk zijn om je gewoon te laten verrassen, maar de ervaring leert dat je dan toch gauw geneigd bent om alles te willen kopen en dat je dan nog steeds niet hebt wat je eigenlijk nodig hebt.

Kom vaker terug. Je kunt niet verwachten dat je met één ritje naar de kringloop je hele interieur bij elkaar kunt shoppen. Als je dat toch graag wilt, kun je misschien beter naar een meubelwarenhuis gaan. Kringlopen vereist geduld en kost meerdere ritjes naar verschillende kringloopwinkels. Voor ons is kringlopen een ware hobby. Niks leuker dan op een druilerige middag een beetje rondneuzen tussen andermans spullen. Wij vinden het dus meer dan oké om langzaamaan het perfecte interieur bij elkaar te sprokkelen.

Ook heel belangrijk: neem de tijd. Vijf minuten rondkijken in een kringloopwinkel is meestal niet genoeg. Loop rustig een rondje en bekijk alles uitgebreid. Trek zeker een uurtje uit voor een kringloopbezoek.

Kijk door imperfecties heen. Een prachtige salontafel met lakschade? Een te gekke stoel, maar in de verkeerde kleur? Een kastje met afschuwelijk behang aan de binnenkant? Daar is allemaal heel gemakkelijk iets aan te doen. Een schuurpapiertje, likje verf of lak doet wonderen en daar hoef je echt geen kluswonder voor te zijn.

Probeer een beetje in totaalplaatjes te denken. Een kale salontafel ziet er heel anders uit dan een salontafel met een retro vaas erop. Zeker als er in die vaas ook nog mooie bloemen zitten. Of wat denk je van een kleedje onder de salontafel? Wij zijn misschien redelijk schaamteloos, maar wij slepen gerust wat attributen heen en weer in een kringloop, om alvast even zo'n plaatje te creëren. Gelukkig kijken ze daar in kringloopwinkels niet zo gauw gek op - dat is waarschijnlijk ook waarom wij er zo graag komen.

OFFLINE EN ONLINE SCOREN

Is de kringloop niet zo je ding en wil je toch graag mooie tweedehands meubels of woonaccessoires scoren? Dan zijn er nog genoeg andere goede plaatsen te bedenken.

Ga je bijvoorbeeld wel eens naar een vlooienmarkt? Het grote voordeel van een vlooienmarkt is dat je in contact komt met de verkoper van de spullen en je dus ziet waar ze vandaan komen. Ook zijn sommige mensen erg bedreven in afdingen, waardoor ze altijd de beste prijs hebben. Misschien toch maar eens proberen, komende Koningsdag?

Vlooienmarkten en rommelmarkten zijn er het hele jaar door, maar vooral in de zomer. Dat is natuurlijk logisch, want dan kunnen ze lekker buiten worden gehouden. In Amsterdam kun je iedere maand naar een overdekte vlooienmarkt in de **IJ-hallen** in Amsterdam Noord. Wees voorbereid op een heel drukke en ietwat prijzige, maar wel heel gezellige vlooienmarkt.

Vlooienmarkten en rommelmarkten zijn er het hele jaar.

Ben je niet zo van het schatjagen, maar wil je wel graag je huis voorzien van een mooi vintage interieur? Bezoek dan eens een vintage-interieurzaak. Hier hebben ze de mooiste parels al voor je geselecteerd én opgeknapt. Je betaalt er iets meer voor dan bij de kringloopwinkel, maar dan heb je ook iets! Ons meest favoriete adres is **Petit Village** in Nijmegen. Niet alleen omdat we werkelijk álles wat hier verkocht wordt mooi vinden, maar ook omdat Milou, de eigenaresse, je heel graag voorziet van style-advies. Zij tovert je woning zo om tot een vintage-paleis!

En laten we vooral niet vergeten hoeveel tweedehands spullen er op internet worden aangeboden. De meest bekende website in Nederland is **Marktplaats**. Als je internationaal wilt speuren, dan zouden we je **eBay** aanraden. Maar wat wij misschien nog wel leuker vinden dan deze grote aanbieders, zijn de plaatselijke **Facebookpagina's** met tweedehands spullen en kleding. Bijna iedere grote stad heeft wel een plaatselijke pagina waar mensen hun spullen aanbieden, waardoor je dus ook niet hele land door hoeft om iets op te halen. Het leuke van dit soort pagina's is dat je nog eens in contact komt met iemand in je eigen stad - twee vliegen in een klap! Zoek op 'tweedehands + [plaatsnaam]' en je zult ongetwijfeld iets tegenkomen!

PLANTEN ADOPTEREN

Wil je je huis letterlijk wat groener maken door wat planten in huis te halen? Leuk idee! Wij zouden je willen aanraden om niet meteen naar het dichtstbijzijnde tuincentrum te rijden, maar om te kijken of er nog tweedehands planten zijn die je kunt adopteren. Ook hiervoor geldt weer dat het internet er vol mee staat. Check op Facebook bijvoorbeeld het 'Plantenasiel' eens, of kijk op Marktplaats welke planten er – regelmatig gratis - worden aangeboden bij jou in de buurt. Vaak gaat het om mensen die gaan verhuizen en hun planten niet mee kunnen nemen, of mensen die zich vergist hebben in de verzorging die een plant nodig heeft en daar geen zin meer in hebben. Don't shop, adopt!

DELEN IS HET NIEUWE KOPEN

Vlak voordat we een tijdje geleden op reis gingen, ging onze koffer kapot. Zul je altijd zien. We stonden al in de startblokken om een nieuwe te kopen, toen een lezer ons op Peerby attendeerde. Peerby is een online service die je helpt spullen te delen met je buren. Je kunt hiervoor een website of een app gebruiken. Wij vinden dit een briljante uitvinding, want ieder mens heeft veel te veel spullen in zijn huis liggen die amper worden gebruikt. Denk bijvoorbeeld aan een schuurmachine, een hogedrukspuit of een rugzak. De meesten van ons gebruiken deze voorwerpen niet wekelijks, toch? Waarom zou je ze dan niet delen met je buren? Op die manier wordt er tenminste op regelmatige basis een goed gebruik van gemaakt. Het idee is globaal genomen: minder spullen nodig hebben, omdat je met elkaar deelt.

Delen is duurzaam en heel erg van deze tijd. Je ziet het steeds vaker als je erop let. We delen auto's (**GreenWheels**, **Car2Go**, **BlaBlaCar**), huizen (**Airbnb**, **Wimdu**) en sinds kort ook kleding (zie het hoofdstuk over eerlijke mode in dit boek).

Waarom wij delen zo leuk vinden? Om meerdere redenen. Ten eerste omdat het duurzaam is en we op deze manier minder spullen in onze huizen hoeven te verzamelen. Ten tweede omdat het een leuke en makkelijke manier is om in contact te komen met je buren. Zeker in grote steden is het niet altijd even vanzelfsprekend dat je al je buren kent, en op deze manier ontmoet je nog eens iemand. Tot slot vinden wij het erg tof om te zien dat van elkaar lenen het vertrouwen in de mensheid vergroot. Je moet misschien even over een drempel heen om iets uit te lenen, of om iets te lenen van een ander; maar wanneer je het toch doet, zul je zien dat het in 99,9% van de gevallen allemaal prima gaat en er geen gekke dingen gebeuren.

TIP Als je op zoek bent naar een goed en natuurlijk wasmiddel, dan kunnen we je **Seepje** van harte aanbevelen. Dit wasmiddel is er in vaste (wasnoten) en vloeibare vorm. Veel natuurlijker wordt het niet.

HET HUISHOUDEN

We willen onze lichamen verzorgen met producten die zo natuurlijk mogelijk zijn - maar wat doen we met ons huis? Weten we welke stoffen er in de producten zitten die we gebruiken om ons huis schoon te maken en te onderhouden? Veel commerciële producten bevatten ingrediënten die we nooit op onze huid zouden willen smeren, maar we spoelen ze wel door de gootsteen. Dit komt de kwaliteit van ons water absoluut niet ten goede.

En we vergeten soms ook dat we allerlei gifstoffen inademen, doordat we vrolijk in het rond sprayen met de allesreiniger. Je hebt misschien wel eens gemerkt dat je ruwe of rode plekken op je handen hebt gekregen van afwasmiddelen; en de zogenaamd lekkere luchtjes die veel middelen hebben, zijn alleen maar bedoeld om de echt chemische luchtjes te maskeren.

Los van dit alles: schoonmaakartikelen zijn duur. We hebben voor allerlei doeleinden een middeltje in huis en voordat je het weet staat je kast er vol mee. Zonde van het geld en de ruimte, want in feite heb je maar een paar producten nodig om je huis schoon te krijgen. Vraag je oma maar eens wat zij vroeger gebruikte!

Een aantal producten die het goed doen bij het schoonmaken van je huis, zijn natuurazijn, baking soda en citroen. De gootsteen ontstop je gemakkelijk met een mix van natuurazijn en baking soda en het toilet is met deze oplossing ook goed schoon te krijgen. Heet water, met een scheutje natuurazijn en citroen vormen een prima allesreiniger en je huis gaat er nog lekker fris door ruiken ook. Niet zo van de citrusvruchten? Ook een drupje pepermuntolie doet wonderen.

Heb je toch niet zoveel zin om zelf de keuken in te duiken met deze ingrediënten? Er zijn ook merken die natuurlijke en biologische schoonmaakmiddelen aanbieden. Een aantal merken waarover wij enthousiast zijn, zijn **Method** en **Ecover**. Met name het afwasmiddel en de allesreinigers van deze merken zijn prima, en beide merken zijn bij de reguliere supermarkten te koop.

GROENE TIPS VAN LEZERS

Waar zouden we zijn zonder de bezoekers van ons blog? Iedere dag geven jullie ons inspiratie door tips te geven, of juist door vragen te stellen. Dat waarderen we enorm! We delen graag enkele eenvoudige tips die we hebben gekregen met jullie. Het zijn allemaal tips die in en om het huis toe te passen zijn.

MARIJKE

"Wintertip: leg in de ochtend een warmwaterzak (kruik) met koud water op de verwarming. 's Avonds wanneer je 't vaak wat kouder hebt, leg je de inmiddels verwarmde kruik lekker op je schoot. Dan hoeft de verwarming niet een graadje hoger. Je kunt de kruik ook in je bed leggen - elektrische dekens zijn zo nergens voor nodig!"

LINEKE

"Pasta en aardappelen en zo, daar laat ik even de kook over gaan en dan zet ik de pan op een onderzetter in het midden van een fleecedeken. Die deken wikkel ik dan helemaal om de pan. Duurt ietsje langer dan gewoon koken, maar scheelt enorm veel gas. Een variatie op de *good old* hooikist."

FEMKE

"Als je warm water nodig hebt dan duurt het altijd even voor je kraanwater warm genoeg is. Je spoelt zo heel wat liters koud drinkwater weg. Super zonde natuurlijk! Vang dit water op in een gieter om de planten water te geven of in een kan om in de koelkast te zetten. Doe het in je waterkoker/koffieapparaat, of in de waterbak van de hond. Kortom, even nadenken waar je het voor kunt gebruiken voordat je het water zo weg laat lopen!"

BABETTE

"Maak je eigen kruidentuintje, al is het maar in je vensterbank. Dit scheelt een hoop verpakkingsmateriaal! Veel kruiden zijn gemakkelijk te herplanten, waardoor je maar één keer een bosje hoeft te kopen en vervolgens oneindig uit je eigen 'tuintje' kunt blijven plukken."

SOPHIE

"Heb je tijdschriften thuis liggen die jij al uit hebt en wilt weggooien? Niet doen! Neem ze mee als je de volgende keer met de trein reist en leg ze neer op de tafeltjes, of achter de klaptafeltjes aan de stoelen. Een leuke verrassing voor andere treinreizigers, en op deze manier wordt al dat papier toch nog nuttig gebruikt. Als je iedere keer dat je met de trein reist 1 of 2 magazines meeneemt, ben je waarschijnlijk zo van die stapel af!"

LOES

"Een tip die al heel, heel veel water heeft bespaard is een baksteen in de spoelbak van de wc leggen. Veel wc's hebben tegenwoordig 2 verschillende knoppen waarmee je veel of weinig water kunt doorspoelen, maar er zijn ook veel oude wc's waar maar 1 knop op zit; die dan enorm veel water door de wc spoelt! Wanneer je een baksteen in de spoelbak van de wc legt (de deksel kan je heel makkelijk van de bak af tillen) bespaar je per doortrekbeurt elke keer eigenlijk de 'inhoud' van een baksteen aan water."

ALEXANDRA

"In veel grote steden zijn er weinig mogelijkheden om groen afval te scheiden. Ik woon in het centrum van Leiden en hoewel in de buitenwijken wel gft-bakken staan, zijn deze in het centrum nergens te bekennen. Daarom maak ik sinds een jaar mijn eigen compost! Op internet is heel veel te vinden over hoe je compost kan maken, wat je er wel en niet in moet doen en waar je op moet letten. Het leuke hiervan is dat het helemaal niet ingewikkeld is en je hoeft er ook geen tuin voor te hebben. Je hoeft zelfs geen speciale wormenbak te kopen! Ik heb gewoon bij de Hema twee plastic bakken gekocht en daar gaatjes in geprikt zodat er lucht in komt, en deze op mijn balkon gezet. Voor mensen met weinig ruimte is er een nog makkelijkere optie: de melkpak-methode. In een leeg (schoongemaakt) melkpak gooi je het groene afval, met af en toe een handje aarde erbij, als het pak vol is doe je hem dicht en zet je hem in de vensterbank. Af en toe een beetje schudden en na 6 weken is je compost klaar! "

WAAROM IS EERLIJKE MODE BELANGRIJK?

Toen er twee jaar geleden een grote kledingfabriek in Bangladesh instortte, waarbij 1138 mensen om het leven kwamen, leek het wel alsof de wereld werd wakker geschud. Is het echt waar dat er mensen dagelijks hun leven moeten riskeren omdat wij graag goedkope kleding willen kopen? Dat kan toch niet?! Helaas, het is toch echt zo. De waarheid is dat het grootste percentage van de mode die hier in Europa wordt verkocht, afkomstig is uit landen waar mensen het niet zo goed hebben als wij - en dan drukken we het zeer mild uit.

LAGELOONLANDEN

Laten we beginnen bij het begin. Weet jij waar jouw kleding vandaan komt? Weet je van het bestaan van fabrieken met miljoenen werkers in landen als India, China, Bangladesh – maar ook dichter bij huis; Turkije?

Deze landen noemen we lageloonlanden - logischerwijs omdat de lonen er vele malen lager liggen dan we hier in Nederland gewend zijn. Om je een voorbeeld te geven: een naaister in Bangladesh, die 10 uur per dag werkt, 6 dagen in de week en honderden kledingstukken per week in haar handen krijgt, verdient hooguit € 60 per maand. Wanneer zij ervoor kiest om overuren te werken (dat betekent bijvoorbeeld dat ze per dag niet 10 maar 12 uur werkt), dan krijgt zij € 5 bonus. Als ze geluk heeft tenminste, want er wordt veel met die bonussen gesjoemeld.

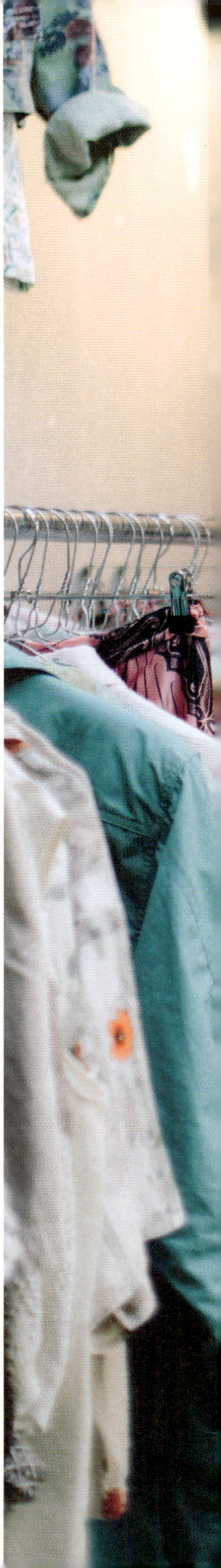

Dit meisje neemt dus € 65 per maand mee naar huis. Dat komt op een uurloon van zo'n € 0,20 cent. Wist je dat? Dat jonge meiden, soms zelfs kinderen, zó hard werken voor zó weinig geld? We zeggen eerlijk dat wij in shock waren toen we dit voor het eerst hoorden. Los van het feit dat de werknemers in deze lageloonlanden slecht worden betaald, zijn de arbeidsomstandigheden vaak ook nog erg slecht. We hebben het dan niet alleen over de kledingfabrieken waar de kleding daadwerkelijk wordt geproduceerd, maar we denken bijvoorbeeld ook aan arbeiders op katoenvelden. Waar we hier in Nederland verzekerd zijn van een veilige werkomgeving en we allerlei rechten hebben, kun je daar in lageloonlanden wel naar fluiten.

Een van de oplossingen is dat we bereid moeten zijn om meer uit te geven aan kleding.

Lageloonlanden liggen overigens niet alleen in Azië, zoals veel mensen onterecht denken. Ook in landen als Turkije en Polen wordt erg goedkope kleding geproduceerd. Wist je bijvoorbeeld dat er heel veel schoenen worden gemaakt in Turkije? Dit is een voorbeeld van een industrie waar nog veel kinderarbeid plaatsvindt. Ook over fabrieken in Bulgarije en Polen horen we vaak dramatisch slechte verhalen. Ook dit zijn landen waar nog extreem goedkope kleding wordt geproduceerd.

VRAAG EN AANBOD

Hoewel veel mensen een onbehaaglijk gevoel krijgen wanneer ze meer te weten komen over de oneerlijke toestanden in de mode-industrie, hangen de winkels ondertussen toch nog steeds vol met goedkope mode. Hoe kan dat? Dat komt doordat maar weinig mensen dit onbehaaglijke gevoel omzetten in acties, en de kleding gewoon blijven kopen. Winkels werken op een systeem van vraag en aanbod. Hoe meer vraag, hoe meer aanbod. Hoe minder vraag, hoe minder aanbod. Het is in feite heel simpel.

Moeten we die goedkope winkels dan maar boycotten en er helemaal niet meer komen? Nee, dat zou geen oplossing zijn.

We zouden immers niet willen dat er van vandaag op morgen opeens geen werk meer is. Wat is dan wel de oplossing?

Een van de oplossingen is dat we bereid moeten zijn om meer uit te geven aan kleding. Wanneer wij als consumenten duidelijk aan een merk laten weten dat we graag willen dat kleding eerlijk wordt geproduceerd, kan het merk maatregelen treffen. Er is al een aantal voorbeelden van bedrijven waar dit is gebeurd. Zo heeft een groot modehuis inmiddels één fabriek geopend waar alle kleding fairtrade wordt gemaakt. Oké, het is slechts één fabriek van de tientallen fabrieken die ze hebben, maar het is een begin. Wanneer merken doorhebben dat wij als consumenten het niet oké vinden als kleding niet eerlijk wordt geproduceerd, en we anders niet meer bereid zijn ons geld aan dit merk uit te geven, zal een merk stappen moeten zetten.

SCHONE KLEREN

Een organisatie die zich voor bovenstaande inzet is De Schone Kleren Campagne. Een ontzettend belangrijke en actieve organisatie die merken aanspreekt op hun verantwoordelijkheden. De Schone Kleren Campagne heeft het voor elkaar gekregen dat er wereldwijd contracten zijn getekend waarin bedrijven beloven de arbeidsomstandigheden in hun fabrieken te verbeteren. Het gaat misschien niet zo snel als we graag zouden willen zien, maar er gebeurt wel degelijk iets. We zouden je willen aanraden om eens een kijkje te nemen op **www.schonekleren.nl** voor het laatste nieuws op het gebied van eerlijke mode.

WAT KUNNEN WE DOEN?

Wat zou je kunnen doen als je wilt bijdragen aan een eerlijkere mode-industrie? Wij geloven dat er allerlei manieren zijn om te helpen. We spraken met De Schone Kleren Campagne en kwamen tot de volgende actie-top-3:

1. Wees je bewust van wat je hebt, draagt en koopt. Hoeveel heb je en hoeveel heb je nodig? Je kunt je geld maar één keer uitgeven, dus doe het goed! Check bijvoorbeeld eens welke merken er al eerlijke mode verkopen (zie het overzicht met onze favoriete merken in dit boek). Misschien kom je wel iets moois tegen waarvoor je net even iets langer wilt doorsparen, in plaats van toch weer voor de goedkope, oneerlijke, kleding te kiezen.

2. Durf vragen te stellen. Trek de stoute schoenen aan en stel vragen aan je favoriete merk. Dat kan bijvoorbeeld via Facebook. Hoe meer vragen er binnenkomen, hoe groter de kans dat ze eens aandacht zullen besteden aan dit onderwerp.

3. Draag tweedehands/vintage kleding. De meest duurzame optie, want het is ook nog eens beter voor het milieu als er minder nieuwe kleding gemaakt hoeft te worden.

WAT IS HET STREVEN?

Misschien vraag je je af wat bovenstaande actiepunten gaan uithalen. De oneerlijke toestanden in de kledingindustrie vormen een groot probleem en het kan lastig zijn om te overzien naar welk punt we toewerken. Het werk van de Schone Kleren Campagne is gebaseerd op een aantal uitgangspunten:

'Arbeiders hebben recht op een goede en veilige werkplek, inclusief een leefbaar loon. Duurzame verbeteringen kunnen alleen worden bereikt als de kledingarbeiders centraal worden gesteld. Overheden hebben een verantwoordelijkheid ervoor te zorgen dat internationaal gemaakte afspraken over mensenrechten worden nageleefd. Bedrijven hebben een eigen verantwoordelijkheid ervoor te zorgen dat mensenrechten worden gerespecteerd.'

Het draait dus allemaal om de basisrechten van de mens: respect en veiligheid. Ieder mens heeft hier recht op, dus ook in de kledingfabrieken in India, of op de katoenvelden in Ethiopië. Wij vinden het een prettig idee dat we een klein aandeel kunnen leveren aan het verbeteren van de kledingindustrie. En dat dit ook op een makkelijke manier kan, is alleen maar mooi meegenomen!

Kijktip: De documentaire ***The True Cost*** is ontzettend informatief en overtuigend. De film laat je niet alleen zien hoe oneerlijk de kledingindustrie in elkaar zit, het leert je ook wat we kunnen doen om de omstandigheden te verbeteren.

EARTH
FIRST,

TIP Wist je dat je ook vegan tattoos kunt laten zetten? Deze zijn van Desperado Tattoo in Eindhoven.

JE GARDEROBE VERDUURZAMEN

Veel mensen geven er bij het maken van groene keuzes de voorkeur aan eerst hun voedingspatroon eens grondig te bekijken. Een avondje vegetarisch of vegan eten in de week? Dat lukt de meeste mensen wel. Veel mensen worden flexitariër, en misschien later vegetariër of veganist. Wij vinden het helemaal niet raar dat groener eten een keuze is die mensen als eerste maken – dat deden wij zelf namelijk ook! Pas toen we hier een tijdje mee bezig waren – en we veganistisch aten – dachten we na over andere groene zaken. Zo mocht ons gebruik van cosmetica ook wel iets groener. We gingen over op dierproefvrije producten en het liefst ook zo natuurlijk mogelijk. Ook dachten we na over de producten die we gebruiken om ons huis schoon te maken, zorgden we dat we minder afval produceerden en gooiden we geen eten meer weg.

En toen moest het er toch eens van komen: we onderwierpen onze garderobes aan een eerlijke inspectie. Hoe groen was de inhoud van onze kledingkast eigenlijk? Wisten we waar onze kleding vandaan kwam? Hoeveel kleding hadden we nou eigenlijk en als we dan iets nodig hadden, konden we dan een bewustere keuze maken? Was het voor ons mogelijk om eerlijke mode te kopen? Op de een of andere manier hebben we best wel tegen dit punt opgekeken. Het leek ons eigenlijk behoorlijk ingewikkeld. En wat dacht je van de prijzen? Heb je weleens gezien hoe duur eerlijke mode is?! Dat was onze eerste indruk. Maar nu we een tijdje verder zijn, hebben we een hoop geleerd en ontdekt. We zijn erachter gekomen dat het eigenlijk helemaal niet zo moeilijk is om je garderobe te verduurzamen. Het kan in kleine stapjes.

EERLIJKE KLEDING

Het werkt voor ons een beetje hetzelfde als met geen vlees meer eten. Toen wij eenmaal een aantal boeken hadden gelezen en documentaires (zoals *Earthlings*) hadden gezien, wisten wij: voor ons nooit meer een biefstuk of een kipfiletje. Nu hebben we ook boeken gelezen over eerlijke kleding. We hebben gepraat met mensen die echt verstand van de eerlijke modewereld hebben, we zijn naar lezingen geweest en we hebben documentaires gekeken. Voor ons was het al vrij snel duidelijk: er worden mensen (onder wie veel kinderen) ongelooflijk uitgebuit omdat wij zo graag goedkope kleding willen dragen. Dit is gewoon niet goed te praten. Eigenlijk weten we het allemaal, maar op de een of andere manier zijn er nog veel mensen die niet bij dit probleem willen stilstaan.

EERLIJK LOON

Is duurzame mode dan niet gigantisch duur? Laten we hier maar meteen eerlijk over zijn: ja, duurzame (eerlijke/fairtrade/groene) mode is duurder dan gewone kleding. Met gewone kleding bedoelen we in dit geval eigenlijk fast fashion. De term fast fashion slaat op ontzettend goedkope kleding en op winkels met een enorm snelle doorloop in de collecties. Bij bepaalde kledingwinkels hangt iedere donderdag een nieuwe collectie - als je het ons vraagt is dat niet echt ergens voor nodig. Het is een beetje zoals met fast food: wanneer je je hamburger op hebt, heb je alweer trek in de volgende. Echt verzadigd raak je er nooit van.

Helaas wil de prijs van een kledingstuk niet altijd iets zeggen over de manier waarop het stuk is geproduceerd. Een dure trui van een bekend merk kan nog altijd gemaakt worden in een dubieuze kledingfabriek in China. Pas wanneer je een kledingstuk koopt van een erkend fairtrade merk, weet je 100% zeker dat je goed zit. Voorbeelden van dit soort merken zijn **Studio Jux**, **PeopleTree**, **Wunderwerk**, **ARMEDANGELS** en **Nurmi**. Van deze merken

weet je dat de kleding gemaakt wordt van duurzame materialen (zoals biologisch katoen, tencel, bamboe of hennep) en dat het wordt geproduceerd onder goede en eerlijke omstandigheden. Dit betekent dat de arbeiders een eerlijk loon krijgen en dat erop wordt toegezien dat de werkomstandigheden in de (vaak kleine, particuliere) fabrieken goed zijn. Als je meer wilt leren over eerlijke mode, dan raden we je aan het boek ***Talking Dress*** van Marieke Eyskoot te lezen. Dit is het meest volledige en leerzame boek over fair fashion dat wij kennen.

VOORDELEN

Zelf hebben we gemerkt dat onze kleding van eerlijke en fairtrade merken een paar goede eigenschappen hebben. Ten eerste is het kwalitatief hoogstaande kleding, waardoor het langer meegaat. Ten tweede zijn de items vrij tijdloos, waardoor je niet na ieder seizoen een compleet nieuwe garderobe hoeft aan te schaffen. En ten derde hebben we gemerkt dat we, doordat de kleding wat prijziger is, zuiniger met de items omgaan en dus ook minder snel geneigd zijn weer iets nieuws te kopen. We hebben minder in onze kasten hangen, maar we hebben ook minder nodig. Dit is een punt waarvan we stiekem hopen dat je er eens over wilt nadenken: hoeveel kleding heb ik nodig? Is het echt noodzakelijk om ieder seizoen een compleet nieuwe garderobe (voor jezelf en misschien voor je kinderen) aan te schaffen? Hoeveel shirtjes heb je nou eigenlijk echt nodig? En hoeveel paar schoenen?

We hebben minder in onze kasten hangen, maar we hebben ook minder nodig.

Veel vrouwen hebben een uitpuilende kledingkast, maar nooit iets om te dragen. Komt dat je bekend voor? Wanneer jij ook wilt beginnen met het verduurzamen van je garderobe, dan raden we je aan om eerst eens je kledingkast helemaal leeg te halen. Gooi alle kledingstukken die je hebt maar eens op je bed en bekijk hoe veel het is. Maak vervolgens stapels:

STAPEL 1 **Deze kleding is nog mooi, zit nog goed en wil ik graag bewaren.**

STAPEL 2 **Deze kleding vind ik op zich nog wel leuk, maar draag ik nooit meer.**

STAPEL 3 **Deze kleding vind ik niet meer mooi, past niet meer goed of is kapot.**

Stapel 1 wil je houden, zoveel is duidelijk. Hang of leg de kleding netjes terug in je kast en kijk er eens goed naar: dit is nu de basis van je garderobe.

Bij de kledingstukken op **stapel 2** zou je je eens goed moeten afvragen: waarom draag ik deze kleding niet meer zo vaak? Vaak is het probleem dat je niet weet hoe je de kledingstukken moet combineren. Je hebt een leuk jurkje, maar geen goede panty voor eronder. Je hebt een mooie broek, maar je weet maar niet welk shirt erop past. En welke schoenen moet je in vredesnaam onder die jumpsuit aan?! Veel mensen moeten concluderen dat ze een goede basis missen in hun kledingkast. En hoe komt dat? Onze conclusie was dat we te vaak kleding in een impuls hadden gekocht. Omdat het in de aanbieding was. Of omdat een vriendin tegen ons zei dat het echt heel leuk zou zijn, zo'n jumpsuit. En vervolgens hangt het ongedragen in je kast. De meest duurzame optie? Zorgen dat je deze items wel weer kunt gaan dragen, door op zoek te gaan naar goede basis-items om weer mooie setjes te kunnen maken. Een leuke uitdaging!

Stapel 3 moet weg, maar omdat het absoluut geen duurzame oplossing is om alles gewoon maar weg te gooien, gaan we de kleding doneren. Dit kan op meerdere manieren. Kleding die nog heel en schoon is, kan goed naar de plaatselijke kringloopwinkel of bijvoorbeeld het Leger des Heils. Ze zullen daar heel blij zijn met je kleding! Maar wat doe je dan met kleding die kapot is? Ook die gooi je niet weg. In iedere stad staan kledingcontainers - vaak vind je ze bij winkelcentra. In deze containers mag je alle vormen van textiel doneren, dus ook handdoeken en tafelkleden. We zijn eens op bezoek geweest bij een textielinzamelpunt, waar dagelijks honderden kilo's kleding binnenkomen, en we hebben daar gezien dat zelfs van een oude theedoek nog iets gemaakt kan worden. Ze worden dan bijvoorbeeld gebruikt als poetslap of als vulmateriaal. Kortom: niets weggooien!

BEWUST

Nu is het best wel lastig om van de ene dag op de andere je hele garderobe te verduurzamen. En dat hoeft ook helemaal niet. Je zou een start kunnen maken door op de eerste de beste vlooienmarkt (bijvoorbeeld de maandelijkse grote vlooienmarkt in de IJ-hallen in Amsterdam) je kleding zelf te verkopen. Met het geld dat je hiermee verdient kun je gaan schatjagen naar mooie tweedehands of vintage stukken van andere verkopers. Immers: tweedehands kleding kopen is nog altijd de meest duurzame optie. Je kunt het geld ook opsparen en gebruiken om een paar mooie duurzame items van fairtrade merken te kopen.

Misschien werkt het voor jou het beste om je eerst wat meer te verdiepen in de omstandigheden in de mode-industrie. Voor ons heeft het lezen van het eerder genoemde boek ***Talking Dress*** en het kijken van de documentaire ***Slag om de klerewereld*** erg geholpen. Wat we daarvan hebben geleerd, heeft een diepe indruk op ons gemaakt. Het heeft ons voornemen om onze garderobes te verduurzamen alleen maar sterker gemaakt. En hoewel ook wij soms nog tegen dingen aanlopen (niet ieder eerlijk merk heeft kleding naar onze smaak, bijvoorbeeld) kunnen we toch zeggen dat het inmiddels aardig lukt.

EERLIJKE MODE - MERKEN EN ADRESSEN

We komen er steeds meer achter dat het dragen van eerlijke, duurzame mode helemaal niet zo ingewikkeld of duur hoeft te zijn. Er zijn ontzettend veel leuke winkels en merken die je op weg kunnen helpen. En het fijne is: er komen steeds meer nieuw labels en adressen bij - zowel fysiek als online! We delen graag onze favorieten met je.

- VINTAGE MODE -

HET KAUFHAUS

Het Kaufhaus geeft ons instant 'Berlijn-vibes.' Dat komt grotendeels door de inrichting van de winkels, maar ook zeker door de toffe, steeds wisselende collecties. Hier vind je gegarandeerd iets leuks! Het Kaufhaus heeft winkels in Amsterdam, Utrecht en Arnhem.

T2

T2 (spreek uit Think Twice) is ronduit fantastisch. Vooral wanneer het *solden* is, want dan scoor je hier de mooiste kleding voor soms maar één of twee euro per kledingstuk. T2 heeft winkels in Gent, Antwerpen, Brussel, Leuven, Brugge, Aalst en Kortijk.

DOORTJE VINTAGE

Een prachtig ruime zaak in Eindhoven met enorm veel keuze. Wat zo fijn is van Doortje, is dat alle kleding heel mooi geselecteerd aan de rekken hangt. De kleding wordt per stuk ingekocht (bij veel vintagewinkels wordt kleding in bulk ingekocht), dus je weet zeker dat het allemaal goedgekeurde, mooie stukken zijn.

KRINGLOOPWINKELS

Verder scoren we onze tweedehands kleding graag bij kringloopwinkels. Dit is de allergoedkoopste optie. De leukste winkels vind je in het hoofdstuk 'Tweedehandsliefde in huis.'

- EERLIJKE MODE -

LENA - THE FASHION LIBRARY

Waarom nieuwe kleding kopen, als je ook kunt lenen? En waarom zouden we wel boeken uit de bieb halen, maar geen kleding? Wij zijn fan van LENA, de kledingbibliotheek in de Amsterdamse Jordaan.

www.lena-library.com

CHARLIE + MARY

Dit was een van de eerste winkels met eerlijke mode die wij bezochten, en we komen er nog steeds erg graag. Het aanbod is erg gevarieerd, en laat maar weer eens zien dat fair fashion absoluut niet saai hoeft te zijn of voor doorgewinterde hippies is.

www.charliemary.com

MHOOM!

Eerlijke mode shoppen en jezelf meteen een nieuw kapsel aan laten meten? Het kan bij MHOOM! Dit is niet alleen een groene winkel, maar ook een groene kapper. Colette, de kapster, werkt met uitsluitend ecofriendly producten. Grote aanrader!

www.mhoom.com

TODAY IS A GOOD DAY!

Deze winkel in Antwerpen is een van onze lievelingsadressen in deze gezellige Vlaamse stad. Mooie eerlijke merken en supervriendelijk personeel.

www.todayisagoodday.be

GEITENWOLLENWINKEL

Ook een erg leuk adres, en niet alleen voor mooie eerlijke kleding, maar ook voor toffe woonaccessoires, is de Geitenwollenwinkel. Alle kleding én alle andere artikelen die hier worden verkocht zijn 100% diervrij. Wel zo eerlijk voor alle partijen!

www.geitenwollenwinkel.nl

ONLINE WINKELS

- **www.watmooi.nl**
- **www.supergoods.be**
- **www.deargoods.de**

Dit zijn drie voorbeelden van webshops die veel van onze favoriete merken verkopen. Dit zijn onder andere **PeopleTree**, **Wunderwerk** en **ARMEDANGELS**.

VEGAN SCHOENEN EN TASSEN

Omdat veganisten geen dierlijke producten willen gebruiken, wordt ook leer gemeden. Dat doen wij ook. Uit ons 'niet-vegetarische leven' hebben we nog een aantal items die van leer zijn, zoals een tas of een paar schoenen, en die gebruiken we nog totdat ze 'op' zijn. Maar nieuw leer kopen, dat doen we niet meer. De vraag is dan natuurlijk: maar wat voor schoenen of tassen ga je dan dragen? We ontvangen zeker wekelijks een mailtje met deze vraag, dus het leek ons een goede gelegenheid er hier aandacht aan te besteden.

SCHOENEN

Als je geen leer (of andere dierlijke materialen) wilt dragen, voor welke materialen kies je dan wel? De goedkoopste optie is waarschijnlijk plastic. Nu klinkt dat misschien niet heel aantrekkelijk, dat geven we toe. Toch zijn er wel merken die hier iets leuks van weten te maken. Denk bijvoorbeeld aan **Native Shoes** of het merk **Melissa**. Andere opties zijn katoen, hennep, rubber, kurk of tencel. Dit zijn vaak wat duurdere opties, omdat deze materialen wat lastiger tot schoenen te verwerken zijn.

Sommige bekende schoenenmerken maken schoenen die van zichzelf al veganistisch zijn. Zo hebben **Vans** en **Converse** meerdere opties, en ook **Dr. Martens** heeft een speciale veganistische lijn. En ken je **TOMS** al? Voor ieder paar schoenen dat het merk verkoopt, schenken ze een paar aan een kind in een ontwikkelingsland. Ook TOMS heeft een collectie met veganistische schoenen.

Let op: niet alle schoenen die niet van leer (of met wol/bont/dons) gemaakt zijn, zijn per se veganistisch. Het kan namelijk ook nog zo zijn dat de lijm die gebruikt wordt, niet vegan is (in lijm kunnen resten van beenderen zitten). Wanneer je er 100% zeker van wilt zijn dat de schoenen die je draagt veganistisch zijn, koop je het beste een paar waar een vegan logo op zit. Dan weet je zeker dat je goed zit!

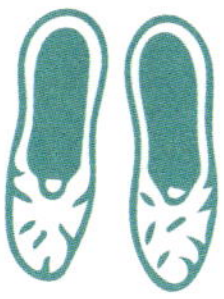

FUN
SPORT

TASSEN

Ook voor tassen geldt dat er een heleboel alternatieven voor leer te bedenken zijn. Faux-leather wordt steeds beter, dus je hoeft niet bang te zijn dat je geen mooie tas meer kunt dragen. Als je het ons vraagt, dan is **Matt & Nat** het mooiste vegan merk dat er op dit moment op de markt is. Er is helaas in Nederland moeilijk aan te komen, dus we moeten het hebben van webshops of een bezoekje aan de winkels van **Dear Goods** in Duitsland.

Andere merken die we leuk vinden en die creatief gebruik maken van niet-dierlijke materialen: **Freitag** en **Denise Roobol**. En natuurlijk gebruiken we ook graag fairtrade katoenen tasjes. Waar is een hipster zonder haar totebag? Juist. Nergens.

VEREN

Je innerlijke indiaan omarmen door jezelf en je haren met veren te behangen? Dat ziet er natuurlijk hartstikke leuk uit, maar heb je er al eens over nagedacht waar deze veren eigenlijk vandaan komen?

Zoveel veren als je momenteel overal ziet (denk aan verwerkt in sieraden of kleding), zo weinig informatie is erover te vinden. Door een onderzoek van Bont voor Dieren weten we dat veel veren die in Europa worden gebruikt, afkomstig zijn van vogels die gegeten worden. Slachtafval dus. Je kunt hierbij denken aan veren van kippen, struisvogels, ganzen, eenden, fazanten en pauwen - wij hadden eerlijk gezegd geen idee dat er ook pauwen werden gegeten, maar dat blijkt helaas dus toch zo te zijn.

De meer exotische veren komen uit verre oorden. Hoewel wij het al niet eens zijn met hoe er in Nederland met dieren wordt omgegaan, houden ze er in dit soort exotische oorden nog gekkere ideeën op na. Hier worden vogels levend geplukt - niet echt een leuke gedachte achter dat kleurrijke paar oorbellen, toch? Overigens geldt hetzelfde verhaal voor het dons in onze dekbedden en in de vullingen van onze warme winterjassen. We weten vaak maar weinig van waar dit soort materialen vandaan komen. Veel veren die hier in Europa worden gebruikt, komen hier absoluut niet vandaan. Bont voor Dieren zegt hierover:

"Als voorbeeld: de veren uit een in Nederland verkochte boa kunnen heel goed kippenveren zijn, afkomstig uit een slachterij uit de Verenigde Staten of Afrika, waarna de veren in China tot een boa worden geproduceerd. Dankzij de vraag naar deze (decoratie)veren is het voor een producent financieel aantrekkelijker een vogel op onnatuurlijke wijze te houden, en zelfs te plukken of doden, omdat het meer winst oplevert."

Hoe leuk het er ook uit mag zien, wij kiezen ervoor om alleen veren te gebruiken die we zelf hebben gevonden in de natuur. Nee, dat komt helaas niet zo vaak voor. We hebben een leuke dromenvanger, gemaakt van eerlijk gevonden materialen, aan de muur hangen... en daar houdt het wel ongeveer mee op.

GROEN REIZEN

WAT DOET EEN GROEN MEISJE OP REIS?

Als je het ons vraagt, dan is Berlijn de beste plek op aarde. Niet alleen voor veganisten (vegan food in overvloed!), maar ook voor mensen die geïnteresseerd zijn in 'andere groene dingen.' Lang voordat we in Nederland van Urban Gardens hadden gehoord, hadden we er in Berlijn al eentje bezocht, zonder dat we wisten wat dat hele begrip nou inhield. Het bleek gewoon een tuin te zijn, ergens middenin in een wijk, waar je van alles kon doen. Mensen onderhielden er moestuintjes, een gitarist gaf een optreden, jongeren lagen met een flesje bier in een strandstoel onderuit gezakt en in het winkeltje bij de ingang kon je honing kopen, rechtstreeks uit de bijenkasten in de tuin.

Niet veel later ontdekten we in Berlijn nog veel meer toffe projecten. Zoals openbare bibliotheekkasten op straat, waar je je boeken naartoe kunt brengen, maar ook zelf weer een boek uit kunt meenemen, en moestuinen op de daken van hoge gebouwen. Ook zagen we dat er op allerlei braakliggende

terreinen goed gebruik werd gemaakt van de ruimte en van de leegstaande gebouwen, zodat er niks nieuws hoefde te worden gebouwd. In Berlijn konden we jaren geleden al prima vegetarisch en veganistisch eten en er waren biologische winkeltjes in overvloed. Iedere zondag worden er meerdere vlooienmarkten verspreid door de stad georganiseerd. Kortom: deze stad is een walhalla voor groene meisjes en jongens.

GROEN IN EIGEN LAND OF OVER DE GRENS

Gelukkig zien we steeds meer van dit soort initiatieven terug in Nederland en België, maar nog lang niet zoveel als in Duitsland. Toch zien we een heleboel veranderen. Restaurantjes met gezond (en veelal ook veganistisch) eten poppen op als paddenstoelen uit de grond, ook hier doen we aan urban gardening en het is steeds normaler, of zelfs hipper, om tweedehands kleding te dragen. Als je op een groene stedentrip wilt, hoef je dus eigenlijk het land niet meer uit. Steden als **Amsterdam**, **Rotterdam**, **Den Haag** en **Groningen** in Nederland en **Gent** en **Antwerpen** in België hebben een heleboel te bieden.

Onze nummer 1 aanrader is en blijft absoluut Berlijn.

Mocht je overwegen in de trein te stappen om een paar dagen een andere stad in het buitenland te bezoeken, dan is en blijft onze nummer 1 aanrader absoluut **Berlijn**. Hoewel **Leipzig** en **Hamburg** ook fantastische Duitse steden zijn en we daarnaast over **München** steeds meer leuks horen, kan er wat ons betreft nog niet veel tegen de Duitse hoofdstad op.

Niet zo'n fan van Duitse steden? Ook in **Londen** en **Parijs** is veel te ontdekken op groen gebied. Of wat dacht je van **Zürich** of **Kopenhagen**? Allemaal prima te bereiken met de trein en geschikt voor een korte vakantie.

In het volgende hoofdstuk zullen we je tips geven om toffe hotspots te vinden, zoals leuke restaurantjes en winkels. Misschien wil je graag op een andere manier de groene kant van een stad bekijken. Ook daarvoor hebben we tips!

Zoek bijvoorbeeld eens naar '**Alternative Tours**' op internet. In bijna iedere Europese stad wordt wel een toer langs eco-highlights georganiseerd. Uiteraard worden de routes te voet (of soms op de fiets) aangeboden, in plaats van met een bus. Geen leukere manier om een stad te verkennen dan lopend! Alternative toers zijn vaak wat kleinschaliger dan de wat meer geijkte tours die in iedere stad wel worden aangeboden (zoals de 'hop on- hop off-bussen') Naast alternative tours op het gebied van duurzaamheid, kun je ook denken aan een toer langs de mooiste street art in een stad of een culinaire toer. Kortom: struin het internet maar eens af, want er wordt echt heel veel aangeboden.

Ook het concept '**Trip4Real**' is er eentje om eens te bestuderen. Via Trip4Real boek je een toer in je stad naar keuze, die vervolgens door een local wordt begeleid. Zelf kun je je ook opgeven om toers te verzorgen. Stel dat jij heel goed bent in fotografie en je de beste plekjes om te fotograferen in jouw woonplaats kunt aanwijzen, dan kun je dat als toer aanbieden. Of misschien wil je een toer langs biologische en vegetarische restaurantjes in jouw stad organiseren, zodat je toeristen wat meer wegwijs kunt maken. Wat dacht je van een biologische wijntoer door Parijs? Of een toer langs de beste vintage-adressen in Barcelona? Uiteraard op een vintage-racefiets. Awesome!

Sowieso zouden we je aanraden om in een nieuwe stad altijd een fiets te huren. Minimaal voor een dag. Je kunt meegaan op een georganiseerde fietstoer, maar je kunt er ook gewoon zelf op uittrekken met de citymap in je rugtas. Hoewel wij de voorkeur geven aan wandelen, zijn sommige steden gewoon te groot om alles te voet te doen. Fietsen is dan een leukere en groenere manier om de stad te bekijken. Je ziet zoveel meer dan wanneer je alles per openbaar vervoer of taxi doet!

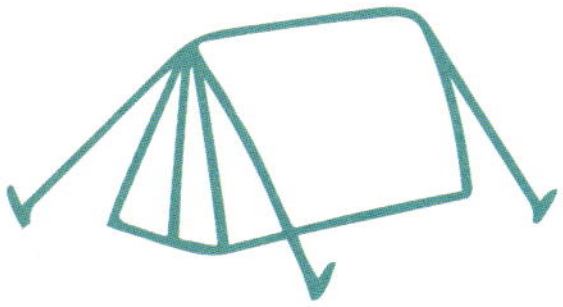

NEUEHEIMAT
16

BAR

GROEN REIZEN - HOE WERKT DAT?

Regelmatig gaan wij voor ons blog op reis naar mooie bestemmingen. In de afgelopen maanden zijn we naar Engeland, Italië, Portugal, Roemenië, Spanje, Italië en Malta geweest. En hoewel wij het geweldig vinden om zoveel mooie plekken te mogen bezoeken, is er helaas één nadeel: reizen is niet bepaald een donkergroene aangelegenheid. Vooral wanneer je met het vliegtuig reist, vergroot je je ecologische voetafdruk met iedere stap die je op je vakantiebestemming zet. Als groen meisje (of groene jongen) kun je hier best wel over in zitten. Moet je dan maar niet meer op vakantie gaan? Of alleen nog met de trein? Maar wat als je toch echt heel graag iets meer van de wereld wilt zien? Wees gerust; er zijn manieren om groener te reizen en we zullen je uitleggen hoe het werkt.

VLIEGEN

Allereerst zullen we kijken naar de manieren om jezelf van A naar B te verplaatsen. Wanneer B aan de andere kant van de wereld ligt, is er vaak maar één optie: vliegen. Laten we het maar niet mooier maken dan het is - een vliegtuig is het meest milieu-onvriendelijke vervoersmiddel dat er is. De CO-2-uitstoot die er vrijkomt tijdens een vlucht is om je rot van te schrikken. Zelfs een relatief korte vlucht, bijvoorbeeld van Amsterdam naar Lissabon, is goed voor tonnen CO-2-uitstoot. Gelukkig zijn er manieren om dit enigszins te compenseren. Tijdens het boeken van een ticket krijg je vaak al de mogelijkheid om de CO-2-uitstoot te compenseren door iets

CARREIRA Nº
543
JOHN JAMESON
JJ&S
& SON LIMITED
JAMESON

meer voor je ticket te betalen. Soms is het niet helemaal duidelijk wat er met dit geld gebeurt, dus wellicht vind je het prettiger om dit via een organisatie als **Green Seat** te doen. Wanneer je je gevlogen kilometers compenseert via Green Seat, draag je bij aan mooie projecten in ontwikkelingslanden. Zo investeert Green Seat bijvoorbeeld in duurzame energie voor gezinnen in Azië - waar de meeste mensen nog grijze stroom gebruiken. Je bijdrage zorgt er in dit geval dus voor dat er elders op de wereld minder grijze stroom hoeft te worden gebruikt. Niet dat je de schade die het vliegen met zich meebrengt er helemaal mee goedmaakt, maar het is beter dan niks.

MET DE AUTO

Nog beter zou het zijn om niet te gaan vliegen, maar voor een ander vervoersmiddel te kiezen. Hoewel een auto ook niet bepaald bekendstaat als groen of duurzaam, heeft het als voordeel dat je met meerdere mensen één auto kunt delen. Maar wat nou als je voor je werk in je eentje naar het buitenland moet en je dus niemand hebt om je auto mee te delen? Check **blablacar.nl** eens. Op deze website kun je ritten zoeken of ritten aanbieden. Je zult er nog van versteld staan hoeveel mensen graag van deze service gebruikmaken. Naast het feit dat het beter is voor het milieu om een auto te delen, kun je er de reiskosten behoorlijk mee drukken. Dubbele winst dus!

MET DE TREIN

Maar wanneer je alleen reist, zou je natuurlijk ook kunnen kiezen voor de trein of boot. In Europa kun je op veel plekken vrij gemakkelijk komen met de trein. Een weekendje Berlijn, Parijs of Londen? Geen probleem. Veel internationale treinen zijn ontzettend comfortabel en uitgerust met goede stoelen en gratis wifi. Onderweg geniet je van het uitzicht wanneer je door het veranderende landschap rijdt. Daar kan geen vliegtuig tegenop! Een tip die we kregen van een lezer was om te gaan Interrailen door Europa en dan een eigen vouwfiets mee te nemen. Zo ben je ter plaatse ook nog lekker mobiel!

FIETSEN

Is bovenstaande toch nog niet groen genoeg voor jou? Dan is een fietsvakantie natuurlijk ook altijd nog een optie! Nu moet je niet denken dat dit alleen voor verstofte hippies is, want 'buitenvakanties' zijn het weer helemaal. Kamperen is weer hip en op je fiets van festival naar festival rijden the hipster dream. Fietsen is niet alleen milieuvriendelijk, het is ook goed voor je conditie en je bent lekker buiten.

SLAPEN

En dan ben je op je vakantiebestemming aangekomen. Hoe nu verder? De meeste reizigers kiezen ervoor om thuis al een accommodatie te boeken: een kampeerplaats, appartement of hotelkamer. Ook hierin zijn groene keuzes te maken.

KAMPEREN

Kamperen is waarschijnlijk de meest groene optie - mits je het doet op plekken waar dit is toegestaan en je de natuur en de dieren niet tot last bent. Op natuurcampings (niet te verwarren met naturistencampings - ook helemaal prima natuurlijk, als dat je ding is) wordt ervan uitgegaan dat je zo zelfvoorzienend mogelijk bent. In sommige gevallen heb je zelfs geen stroom en moet je zelf aan je water zien te komen. Een avontuurlijke vakantie is in dit geval gegarandeerd. Ook zijn er campings met meer voorzieningen, zoals kant-en-klare tenthuisjes met een eigen badkamertje, voor mensen die waarde hechten aan wat meer comfort.

HOTEL OF RESORT

Ga je toch liever voor een resort of een hotel? Kies dan, waar mogelijk, voor een ecohotel. Een ecohotel is een hotel waar zoveel mogelijk wordt gelet op duurzaamheid. Er wordt aan afvalscheiding gedaan, de stroom die gebruikt wordt is groen, op de badkamer hangen friendly reminders om een dagje langer met je handdoeken te doen en boven het bad hangt een waterbesparende douchekop. In het restaurant wordt voornamelijk gebruikgemaakt van biologische en seizoensgebonden (streek-)producten, en over vegetarisch of vegan koken wordt absoluut niet moeilijk gedaan. Een goed ecohotel doet er immers alles aan om zo klimaatneutraal mogelijk te zijn en zal erg blij zijn met 'groene gasten'.

Wanneer je op zoek gaat naar een ecohotel, is het wel belangrijk om nog even wat labels te checken. Wanneer een ecohotel voldoet aan de standaarden (die gecontroleerd worden door strenge milieucommissies), krijgt het een Green Key-certificaat. Wanneer het hotel een gouden **Green Key** heeft, weet je dat het om een echt goed ecohotel gaat. Als het verblijven in een duurzaam hotel voor jou een prioriteit is, zouden we aanraden om zeker niet voor minder dan een zilveren of een gouden Green Key te kiezen.

Los van het reizen, zijn er nog heel veel andere manieren om ook op reis groen te doen.

Een tip: check de website **bookdifferent.com** eens. Op deze website vind je verrassende vakantiebestemmingen met mooie ecohotels. En het mooie is dat je door te boeken via deze organisatie ook nog eens automatisch een goed doel steunt. Twee vliegen in één klap!

SLIM

Los van het reizen en je verblijfplaats, zijn er nog heel veel andere manieren om ook op reis groen te doen. Bijvoorbeeld:

Neem een eigen waterfles mee. Hoewel je op veel vakantiebestemmingen geen water uit de kraan kunt drinken en je dus veroordeeld bent tot flessenwater, is het toch mogelijk om te voorkomen dat je er tijdens je weekje vakantie tientallen plastic flesjes doorheen jaagt. Koop bijvoorbeeld een grote jerrycan water (waar vaak 5 liter in zit) en vul je eigen waterfles hier steeds mee bij.

Neem een opvouwbaar boodschappentasje mee in je tas. Zo heb je altijd een eigen tasje mee, voor als je spontaan in een plaatselijke supermarkt of op de lokale markt belandt en je iets wilt kopen. Nog lang niet in alle landen geldt dat er zo min mogelijk plastic tasjes worden uitgedeeld. Zelfs op vakantie kun je dus besparen op plastic afval, net zoals je thuis doet. Wees zuinig met je watergebruik. Dat je badkamer in het ecohotel een bad heeft, wil niet zeggen dat je het twee keer per dag vol moet laten lopen. Ook op vakantie kun je stilstaan bij hoeveel water er letterlijk down the drain gaat en daar je douchetijden misschien een beetje op aanpassen. Natuurlijk wil je na een lange, warme dag op het strand een verfrissende douche nemen, maar dit hoeft geen half uur te duren, toch?

Gooi geen afval op straat. Hoe logisch dit ook mag klinken - want thuis doe je het toch ook niet? - het is toch goed om jezelf te herinneren aan het feit dat je ergens te gast bent en dat je goed voor de omgeving moet zorgen. Ook al gooit de lokale bevolking wel allerlei rotzooi op straat, jij hoeft het niet erger te maken.

En tot slot: laat de dieren alsjeblieft met rust. We weten dat het voor veel mensen de normaalste zaak van de wereld is om in Thailand een ritje op een olifant te maken. Wat maar weinig mensen weten is dat olifanten op gruwelijke wijze worden mishandeld om te dienen voor ons vermaak. Hetzelfde geldt voor andere wilde dieren die tam worden gehouden in parken of circussen - wanneer je eenmaal hebt gezien wat er met deze dieren gebeurt (bijvoorbeeld in een documentaire), zul je hopelijk nooit meer overwegen een dier te gebruiken voor je vakantieplezier.

Auto
HDR uit
VIDEO
FOTO

Înghețată
Artizanală
6 RON
/60gr

THE CYCLE OF FUTILITY
30 A
WHAT IF SOUND
WAS SPACE?
EBOR STREET E1

OP HOTSPOTJACHT

Je hebt bijna geen standaard reisgids meer nodig met alle informatie die je online kunt vinden. In feite kun je met je smartphone en een (digitale) kaart een heel eind komen. Een tijdje geleden gingen wij als verrassing naar Boekarest. We hoorden pas op de luchthaven dat we naar Roemenië zouden vliegen en we hebben ons dus totaal niet kunnen voorbereiden. Allereerst checkten we Happy Cow. Op deze website (en er is ook een app) kun je vega-adressen over de hele wereld vinden. Zo zagen we dat er in Boekarest vijf adressen als 'veg-friendly' werden aangetoond. Opgelucht stapten we het vliegtuig in; we zouden in ieder geval iets kunnen eten. Dat is natuurlijk een beetje overdreven, want iets eten kan altijd. Aardappels, rijst en groenten hebben ze praktisch overal. Maar lekker eten is voor ons heel belangrijk - ook op reis. Wanneer we in het buitenland zijn, vinden we het een uitdaging om de leukste hotspots te vinden. Dit zijn overigens ook regelmatig adressen die níet op Happy Cow voorbijkomen, omdat ze nog niet zo bekend zijn. De vraag is nu natuurijk: hoe komen we dan aan die adressen?

ONLINE

Allereerst willen we hier onze lievelings-app in het zonnetje zetten: Instagram. Aan deze app hebben we de afgelopen jaren zoveel inspiratie te danken. En dan niet alleen op reis, maar bijvoorbeeld ook in de keuken. Wat zijn we blij met de nieuwe locatiefunctie op Instagram. Je voert bijvoorbeeld in: 'Milan' (of Milano) en je krijgt alle foto's die de laatste tijd deze locatie

toegewezen hebben gekregen. Veel jonge mensen vinden het leuk om te delen waar ze zijn geweest en zo ontdekken we vaak de tofste plekken. In Milaan kwamen we op deze manier in een superhippe buurt terecht, waar creatieve jonge mensen bleken rond te wandelen. Dit zijn dikwijls de buurten waar je de beste vegan en vintage hotspots vindt. Daarbij komt dat we stiekem een beetje blij waren dat we uit het dure en luxe centrum waren. Het vinden van wat meer alternatieve buurtjes zorgt er dikwijls voor dat je vakantie nog een beetje betaalbaar blijft.

HASHTAGS

Een andere manier om via Instagram te ontdekken welke adressen de moeite waard zijn, is door te checken of er een hashtag is die veel gebruikt wordt. Zo vonden we in Antwerpen de hashtag 'Vierkantwerpen', waaronder alle hipsters uit Antwerpen hun favoriete restaurants en cafeetjes posten. In Boekarest bleken we bij #bucharestnotbudapest te moeten zijn. De Instagramcommunity wordt groter en groter, en mensen

nemen het gebruik van deze app erg serieus. We denken dat je er wel van uit kunt gaan dat iedere grote stad een eigen hashtag heeft waaronder mensen hotspots plaatsen.

BLOGS

Nog een tip om online aan de leukste adressen te komen, is door lokale bloggers te zoeken. Met een beetje geluk vind je zelfs een blog met alleen maar hotspots! Bloggers vind je overal ter wereld en ze weten je vaak de beste plekken aan te wijzen. Google bijvoorbeeld: 'Berlin + blogger + hotspots + vegan' en daar ga je hoor! Het kan trouwens ook heel goed zijn dat je Nederlandstalige bloggers tegenkomt die een bezoekje hebben gebracht aan die stad en verslag uitbrengen. Zelf krijgen wij regelmatig mailtjes van mensen uit de meest exotische oorden, die toevallig op ons blog belanden. Waarschijnlijk gebruiken ze dezelfde zoektermen als ze op zoek zijn naar hotspots in Amsterdam. Zo hebben we laatst nog een complete vegan tour in Amsterdam uitgeschreven voor een groepje dames uit Texas, dat binnenkort naar Nederland

JUICES
SANDWICHES

komt. We vinden het altijd heel leuk om deze mensen een paar van onze favoriete adresjes te tippen. En wat nóg leuker is, is als ze ons taggen op Instagram of Twitter, wanneer ze daadwerkelijk op bezoek zijn geweest bij deze tentjes. Natuurlijk heeft niet altijd iedereen tijd om je van tips te voorzien, maar why not give it a try? Trek dus gewoon de stoute schoenen aan en mail een blogger in jouw vakantieland!

OFFLINE

Zo zie je maar: het internet staat bol van de tips. Nu moet je niet denken dat we de hele dag aan onze smartphones gekluisterd zitten; we praten ook, in real life, met mensen. Sterker nog, dat is het leukste wat er is! Zo kwamen we in een koffietent in Boekarest in gesprek met een stel hipsters die naast ons zaten. Waarom zou je dan niet meteen even vragen wat hun favoriete restaurant in de stad is? Dezelfde avond zaten we in een fantastisch Japans restaurant aan een tafel vol vegan gerechten en waren we dolblij dat we de stoute schoenen hadden aangetrokken. Voel je niet bezwaard om dit soort vragen te stellen. Zelf zou je het toch ook leuk vinden om aan anderen te vertellen wat jouw favoriete adresjes zijn? Dat is ook de reden waarom we onze gevonden adressen altijd delen op ons blog, omdat we hopen dat een ander er weer iets aan heeft. Sharing is caring, baby!

Een andere manier om offline aan tips te komen, is door in een hostel of Airbnb te verblijven wanneer je op reis bent. Wanneer je een Airbnb kamer huurt is de kans groot dat de verhuurder je bij aankomst al overlaadt met tips en adresjes. Wanneer je in een (jeugd)hostel verblijft, zou het zomaar eens kunnen gebeuren dat je op de avond van je aankomst al met pas gemaakte vrienden aan het bier zit. Wanneer je jezelf hier een beetje voor openstelt, kom je op de meest geweldige plekken en ontmoet je de leukste mensen. Bijkomend nadeel: je zult je eten misschien moeten delen. Maar goed, dat nemen we dan maar voor lief.

Kort gezegd komt het er dus op neer dat je wat creatiever moet zijn als je de minder platgetreden paden wilt bewandelen. Tips van insiders zijn goud waard, maar daar moet je dan wel even naar durven vragen. Als je straks aan de lekkerste curry's in Praag of het beste vegan ijs van Rome zit, weet je dat het de moeite van het vragen dubbel en dwars waard is geweest!

1

GROEN DENKEN

EARTH
FIRST
WE'LL SCREW UP THE
PLANETS LATER.

BEWUST IN HET LEVEN STAAN

Een fragment uit een ouder artikel op ons blog:

'Ik zie mezelf nog staan bij de snackbar. Al van jongs af aan had ik een hang naar de kaassoufflé en kon de frikandel speciaal mij gestolen worden. Dat maakte dat ik dacht: zie je, ik hou veel meer van kaas dan van vlees en dus kan ik best wel vegetariër worden. Ik moet ook hebben gedacht: desnoods eet ik de rest van mijn leven alleen nog maar kaassoufflés. Op dat moment realiseerde ik me nog niet eens dat er ook vlees in huzarensalade zat. Of gelatine in drop en chocolademousse. Ik realiseerde me amper dat kip-kerriesalade daadwerkelijk kip bevatte. Immers; het leek niet eens op kip. Ik had geen idee dat het leven van een vegetariër over meer dan kaassoufflés alleen zou gaan.'

Toen wij al een tijdje veganistisch aten, kwamen we erachter dat het niet meer zo goed voelde om wél groenere keuzes te maken op het gebied van eten, maar dit op het gebied van bijvoorbeeld kleding en reizen niet te doen. Dieren zijn altijd onze soft spot geweest. Maar het milieu? Of onze medemens? Om heel eerlijk te zijn waren we daar nooit heel erg mee bezig. Totdat we tot de conclusie kwamen dat juist de combinatie van al deze factoren een groene lifestyle zo mooi én leuk maakt.

Dat is niet altijd makkelijk. Het betekent namelijk dat je over praktisch alles wat je doet iets langer nadenkt. Wanneer je eenmaal hebt gehoord over erbarmelijke omstandigheden in de kledingindustrie, zul je niet meer heel snel zonder schaamte een T-shirt bij een textielsuper kopen. En wanneer je eenmaal beseft dat het absurd is om ieder jaar zo'n vijftig kilo eten per persoon weg te gooien, zul je je regelmatig boos gaan maken om mensen die zich hier helemaal niet mee bezig houden.

Er zullen een hoop dingen zijn waarover je opeens moet gaan nadenken. Hoe belangrijk vind ik het dat er een fairtrade-sticker op een banaan zit? Of kan ik maar beter helemaal geen exotisch fruit meer eten en overgaan op 100% lokaal? Het leven van een groen meisje of een groene jongen kan behoorlijk gecompliceerd zijn. Er stapelen zich dingen op in je hoofd en dat kan soms best vermoeiend zijn - we zeggen het maar eerlijk.

WAAROM HEB IK ZOVEEL IDEALEN?!

Het is niet vermoeiend omdat groen leven beperkend zou zijn. Integendeel, wij vinden het juist een verrijking van ons leven. Het kan gewoon wel eens lastig zijn om alsmaar na te moeten denken over keuzes die je maakt. Laten we eerlijk zijn: leven zonder idealen is gewoon het allermakkelijkst. Je doet gewoon lekker waar je zin in hebt en je denkt niet na over de consequenties, voor jezelf of voor anderen. Het is misschien eenvoudiger, maar we denken niet dat je er gelukkiger van wordt. Je omgeving trouwens ook niet. Er zijn gelukkig maar weinig mensen die echt zo in het leven staan en nergens over nadenken. En gelukkig wordt het maken van duurzame en sociale keuzes ook steeds toegankelijker, en dus makkelijker.

KEUZESTRESS

Wanneer wij oudere lezers spreken die al sinds hun jonge jaren vegetarisch eten, vertellen ze ons keer op keer hoeveel gemakkelijker het is geworden in de loop der jaren. Vroeger moest je het doen met een blok tofu. En als je geluk had, dan verkocht de biologische winkel eens een droge linzenburger. Vandaag de dag is er alleen al op dit gebied zo ongelooflijk veel te kiezen. Als je iedere dag een andere vleesvervanger uitprobeert, ben je zo een paar weken verder.

Ieder zichzelf respecterend modehuis verkoopt T-shirts van biologisch katoen, veel huismerken van drogisterijen zijn dierproefvrij, je kunt je gevlogen kilometers compenseren in één muisklik, en je loopt als koffietent flink achter als je alleen sojamelk als plantaardig alternatief voor koemelk aanbiedt. Kortom, groene keuzes liggen voor het oprapen.

Maak het jezelf niet té moeilijk.

Toch kunnen juist al deze mogelijkheden ook zorgen voor keuzestress. Dat is natuurlijk een enorm luxeprobleem, maar veel mensen kampen er toch mee. Bij de supermarkt is een hele regenboog aan superfoods te kiezen, en in dat interessante artikel in de nieuwste glossy vertelden ze je dat je niet alleen plantaardig, maar ook nog glutenvrij en suikervrij zou moeten eten. Dat goedkope T-shirt van organic katoen is natuurlijk wel leuk, maar is het ook eerlijk geproduceerd? Die huismerkproducten van de drogist zijn wel dierproefvrij, maar zijn ze ook beter voor het milieu?

JE DOET WAT JE KUNT

Soms voelt het alsof je het nooit goed genoeg kunt doen. Alsof je nooit álles kunt doen. Wanneer onze lezers hun frustraties over dit soort kwesties uiten, kunnen we niet anders zeggen dan: we feel you, girlfriend. We maken het onszelf soms flink moeilijk; dat doen wij ook. En hoewel we die frustraties zelf dus ook hebben, geven we altijd hetzelfde advies: je doet wat je kunt. Luister naar je idealen en leef hier zoveel mogelijk naar, maar maak het jezelf niet té moeilijk.

Het is waar, als je je eenmaal verdiept in de groene wereld en je achter de waarheid van allerlei kwesties komt, dan is het vrij lastig om die dingen te negeren. Maar het is menselijk om tegen dilemma's aan te lopen. Dit kunnen dingen zijn als: ik heb niet genoeg geld om alles biologisch en fairtrade te kopen. Of: eerlijke mode wordt niet in mijn maat verkocht. Of: mijn partner voelt niks voor vegetarisch eten en werkt mijn keuzes op dit gebied tegen. Dat kan allemaal ontzettend lastig zijn en hoe graag je het ook zou willen, je kunt niet alles tegelijk. Principes heb je niet voor even, die heb je voor je hele leven. Tenminste, als het goed is.

CROSLEY

Waar het volgens ons om gaat, is dat je bewuster in het leven staat. Dat je nadenkt over dit soort kwesties en je bereid bent je hierin te verdiepen. Het is voor ons net zo logisch als nadenken over de dingen waarvoor je dankbaar bent. Iedere dag eventjes stilstaan bij waarom je doet wat je doet.

LABELS EN HOKJES

Iets wat veel mensen afschrikt om groene keuzes te maken, is de angst om vanaf dat moment een bepaald label te moeten dragen. Als je het ons vraagt, hoeft dat helemaal niet. Er is helemaal niemand die jou kan verplichten om jezelf veganist te noemen en ook niemand kan voor jou bepalen wanneer je wel of niet voor de meest groene optie gaat. Niks zo persoonlijk als het invullen van jouw levenswijze.

Ook gaat het niet om wat anderen doen. Er zijn altijd mensen die het groener of beter doen, maar dat hoeft jou niet tegen te houden om de dingen op jouw manier te doen. Probeer te bedenken dat het allemaal gaat om bewustwording en om de bereidheid verder te kijken dan je neus lang is. Groene keuzes maken hoeft niet zo moeilijk te zijn. Sterker nog: wij denken dat het je leven een stuk leuker gaat maken!

VERANDERINGEN KOSTEN TIJD

Een paar jaar geleden waren wij nog helemaal niet zo met groene dingen bezig. Hoewel we nu volledig veganistisch leven, aten we een paar jaar geleden bijvoorbeeld nog vlees. Over het gebruiken van dierlijke producten dachten we eigenlijk niet echt na. Het zou een leugen zijn als we zouden zeggen dat we van het ene op het andere moment vegan zijn geworden. Daar ging aardig wat tijd overheen.

VAN CARNIVOOR NAAR VEGANIST

Voor Merel begon het met vegetarisch eten. Iets wat ze altijd al wilde, maar nooit kon volhouden. Dat kwam door meerdere dingen, zoals bijvoorbeeld door nog thuis te wonen bij ouders die niet vegetarisch aten, maar ook doordat ze nooit de moeite had genomen om nou echt eens goed te onderzoeken wat vegetarisch leven inhoudt. Toen Merel op zichzelf ging wonen, werd de stap naar parttime vegetarisch eten gemaakt. Vis bleef ze echter wel gewoon eten. Vlees en vis, dat waren twee verschillende dingen. Dat is natuurlijk onzin, want ook vissen zijn dieren - wat zijn het anders?! Toch voelde het eten van een biefstuk heel anders dan sushi met zalm. Het duurde zeker een jaar tot ze inzag: als je geen dieren wilt eten, moet je ook geen vis eten. Naïef misschien, maar voor veel mensen werkt het zo.

Toen Jamie een jaartje vegetarisch at, besloot ze dat het tijd werd om veganistisch te gaan eten. Ze zag en hoorde om zich heen steeds meer over veganisme en op een dag kon ze er niet meer omheen: als je niet wilt bijdragen aan dierenleed, is het het beste om veganistisch te gaan eten. De stap van vegetarisch eten naar veganistisch eten lijkt misschien heel klein, maar is in de praktijk best ingrijpend. Veganistisch eten is meer dan alleen kaas, zuivel en ei laten staan. Het houdt in dat je voortaan iedere verpakking in de supermarkt moet checken op dierlijke ingrediënten - want die zitten in meer producten dan je denkt. Ook kwam Jamie erachter dat het in sociaal opzicht toch voor meer mensen een probleem is als je vegan bent, dan wanneer je alleen vegetarisch eet. Vegetarisch eten is inmiddels zoiets normaals in onze maatschappij, daar kijken nog maar weinig mensen van op. Wanneer je vegan eet, heb je toch altijd iets uit te leggen en dat kan in het begin best wel lastig zijn.

FULLTIME VEGANIST

Vlak nadat Jamie besloot veganistisch te gaan eten, nam ook Merel deze stap. Waar het voor Jamie iets makkelijker was om van dag één alle dierlijke producten te laten staan, had Merel een aantal gerechten en producten die ze nog lange tijd erg miste. Dit waren voornamelijk geitenkaas en cheesecake. Voor veel mensen is het een kleinigheid om bepaalde producten te laten staan, voor Merel voelde het als stoppen met roken. En iedereen weet hoe lastig dat kan zijn.

Lange tijd noemde Merel zichzelf dus 'een veganist die soms geitenkaas' at. Dat kon soms verwarrend zijn voor haar omgeving en dat is ook wel begrijpelijk. Immers: ben je nou veganist, of niet? Mensen denken graag in labels. En hoewel wij eigenlijk een hekel aan labels en hokjes hebben en er liever niets mee zouden doen, hebben mensen het blijkbaar toch nodig om je te begrijpen.

Pas na een jaar of drie voor 90% veganistisch te hebben gegeten, durfde Merel het aan om enkele documentaires te kijken en boeken te lezen. De waarheid over al het dierenleed in de wereld onder ogen krijgen is ongelooflijk confronterend. Voor Merel betekende het dat ze tot de conclusie kwam dat dat stukje geitenkaas toch niet zó belangrijk voor haar kon zijn. Vanaf dat moment besloot ze ook om 100% veganistisch te willen leven en op geen enkele manier bij te willen dragen aan dierenleed.

FUN
SPORT

BLIJF LEREN

Misschien eet je al jaren vegetarisch of veganistisch en denk je na over andere manieren om je lifestyle te verduurzamen. Wellicht zou je minder willen vliegen en willen kijken naar manieren om groener te reizen, of heb je besloten vanaf nu geen dierproefvrije cosmetica meer te gebruiken. Ook voor dit soort ogenschijnlijk kleinere veranderingen is het goed om te bedenken dat er wat tijd overheen kan gaan.

Houd je doelen scherp door ze op te schrijven.

Wanneer je iets wilt veranderen aan je levenswijze, is het goed om jezelf te onderwijzen op dit gebied - en om dit te blijven doen, ook wanneer je bepaalde veranderingen al lang geleden hebt doorgevoerd. Lees boeken, praat met mensen die al wat verder zijn dan jij, en kijk documentaires over het onderwerp. Wij denken dat het erg belangrijk is om te weten waarom je doet wat je doet. Het is prettig voor jezelf, maar ook voor je omgeving, als je kunt uitleggen waarom je bepaalde keuzes maakt. Ook kan het je extra motiveren om bij je standpunten te blijven.

STEL DOELEN OP

Daarnaast hebben wij gemerkt dat het goed is om helder te hebben waar je naartoe wilt werken. Houd je doelen scherp door ze op te schrijven, en ze eventueel met anderen te delen. Schrijf bijvoorbeeld eens op waar je binnen nu en een paar maanden en/of over een jaar wilt staan. Wil je binnen nu en drie maanden helemaal zijn overgegaan op dierproefvrije cosmetica? Of wil je binnen nu en een jaar alleen nog maar eerlijke mode dragen? Schrijf het op! Schrijf vervolgens op welke stappen je hiervoor denkt te moeten zetten. Maak het overzichtelijk voor jezelf door de stappen klein te houden, zoals in het voorbeeld hiernaast.

Door deze vijf stappen te verdelen over drie maanden tijd, gun je jezelf voor iedere stap een paar weken tijd. Zo heb je genoeg tijd om te wennen aan het idee en om rustig uit te zoeken waar je naartoe wilt werken.

DOEL 'Over drie maanden wil ik alleen nog maar dierproefvrije cosmetica gebruiken'

STAP 1 Ik gebruik alle producten op die ik nog in huis heb, of ik geef ze weg.

STAP 2 Ik zoek uit welke merken ik straks wil gaan gebruiken.

STAP 3 Ik koop producten voor onder de douche dierproefvrij: douchegel, zeep, shampoo.

STAP 4 Ik koop gezichtsverzorging dierproefvrij: cleansers, crèmes.

STAP 5 Ik koop make-up en parfum dierproefvrij.

TIP *Een soortgelijk stappenplan kun je uiteraard op allerlei groene onderwerpen toepassen.*

HEB GEDULD

Veranderingen kunnen behoorlijk wat tijd kosten en dat is helemaal niet erg. Waar het om gaat, is dat je jezelf ontwikkelt in de tijd dat je naar je doel toewerkt. Of je nou begint met één dag in de week geen vlees eten of het meteen de hele week 'diervrij' gaat - iedere verandering is er eentje. Het mag enorm cliché klinken, maar het is gewoon waar: alle kleine beetjes helpen. Daarbij komt dat je ergens moet beginnen. Wanneer je jezelf te hoge eisen oplegt, is de kans vrij groot dat je afhaakt, ergens midden in het proces. Of misschien leg je de lat zo hoog voor jezelf dat je er niet eens aan wilt beginnen. Dát zou pas jammer zijn.

Misschien ben jij iemand die vrij snel kan wennen aan veranderingen. Sommige mensen zijn behoorlijk streng voor zichzelf of hebben van nature erg veel discipline. Dat geldt niet voor iedereen. Het is goed om hier rekening mee te houden en respect te tonen voor mensen die meer tijd nodig hebben dan jij. Wij denken dat het veel beter werkt om iemand positief te benaderen en kleine veranderingen aan te moedigen, dan om van een ander te verwachten dat hij of zij net zo snel gaat als jij. We zitten allemaal anders in elkaar en het is goed om hier rekening mee te houden.

when you
KNOW BETTER
you
DO BETTER.

MAYA ANGELOU

TAB
REPEAT SPACER

GROEN LEVEN IS LEUK!

We horen wel eens dat mensen bang zijn dat groen leven saai of beperkend zou zijn. Laten we je maar meteen geruststellen: wij vinden dat helemaal niet. Voor ons geldt juist dat het ons leven heeft verrijkt en alleen maar leuker heeft gemaakt. Een duurzame levenswijze is al lang niet meer voor hippies of doorgewinterde milieu-activisten. Er is uiteraard helemaal niks mis met hippies en milieu-activisten, maar we weten dat niet iedereen zich met hen kan identificeren. Dat hoeft dus ook niet, want je kunt gewoon lekker jezelf blijven. Groen leven is niet stoffig en het hoeft ook niet moeilijk, ingewikkeld of duur te zijn.

ETEN

Vega(n) eten was onze manier om voor het eerst kennis te maken met het groene wereldje. Geen vervelende manier natuurlijk, want eten is gewoon een genot. Dat zullen veel mensen met ons eens zijn. Al vier jaar lang vermaken wij ons met het uitzoeken van nieuwe recepten, het bijhouden van vegan foodtrends uit andere landen, het uitproberen van groenten die we nooit eerder aten, en het testen van nieuwe veganistische producten. Als je iedere dag van de week een nieuw veganistisch recept uitprobeert, dan heb je waarschijnlijk nog een paar jaar nodig om alles een keer geprobeerd te hebben. Er zijn zoveel kookboeken te lezen en vegan kookblogs te lezen, daar komt gewoon geen einde aan.

Veganistisch eten heeft ervoor gezorgd dat we een stuk creatiever werden in de keuken. Er zijn producten die we nooit eerder gebruikt hadden, maar die we nu niet meer kunnen missen. Denk bijvoorbeeld aan dadels, tahin, allerlei soorten peulvruchten en tempeh. Culinair gezien heeft vegan koken onze horizon dus alleen maar verbreed.

Het scheelt ons een hoop tijd en keuzestress.

Wat wij persoonlijk een groot voordeel vinden, is dat we in de supermarkt hele schappen kunnen overslaan. Dat vinden we dus niet beperkend, maar juist een voordeel. Het scheelt ons een hoop tijd en keuzestress. Al verlies je vervolgens wel weer wat tijd doordat je de etiketten van producten moet gaan lezen, als je graag vegan wilt eten. In veel producten zitten dierlijke ingrediënten en dat zie je niet altijd aankomen. Het voordeel hiervan is dan weer dat je bewuster wordt van wat je eet. Etiketten lezen is heus niet onze hobby, maar het heeft ons wel veel geleerd over voeding.

REIZEN

Op reis gaan vonden we altijd al leuk, maar nu we ons verdiepen in groener reizen vinden we het leuker dan ooit. Vegan restaurantjes zoeken in een onbekende stad kan een uitdaging zijn, maar wel eentje die wij heel leuk vinden. Het heeft ervoor gezorgd dat we plekken vonden waar we anders misschien nooit naartoe waren gegaan, omdat ze niet in de standaard reisgids staan. Los van het eten in het buitenland, ontdekken we overal weer toffe groene plekken die de reis wat specialer maken. Een cocktail drinken in een urban garden in Hamburg of op een vlooienmarkt in Roemenië belanden, dat zijn gewoon bijzondere ervaringen. Als je het ons vraagt is het interessanter dan de geijkte toeristenwandeling langs de trekpleisters - maar dat hangt natuurlijk helemaal van je smaak en reisvoorkeuren af.

Ook het plannen van een vakantie is voor ons leuker geworden. Onderzoeken of en hoe je ergens met de trein kunt komen, zoeken naar ecohotels of mooie vintage appartementjes op Airbnb, dat vinden we een stuk uitdagender dan het eerste het beste hotel

CLUB-MATE
LEMONAID+
20 x 0,33l

boeken. Ook doen we altijd ons best om de creatieve, upcoming buurten in verschillende steden te vinden. Grappig genoeg belanden we zo vaak in de goedkoopste en leukste hotelletjes en zijn alle leuke dingen op loopafstand.

Er is nog zó veel te ontdekken.

Stedentrips zijn onze favoriete vakanties en dat zal misschien altijd wel zo blijven, maar we ontdekken steeds meer hoe leuk andere vakanties ook kunnen zijn. Zo zaten we dit jaar op de fiets in Portugal om een kurkplantage te bekijken en genoten we in Zuid-Italië van het allerbeste vegan eten, met uitzicht over de moestuinen. Fietsvakanties, kamperen, met de trein door Oost-Europa, op de fiets van Berlijn naar Kopenhagen... er is nog zó veel te ontdekken. En dan hebben we het alleen nog maar over Europa.

BEWUSTWORDING

Eerlijke mode is het onderwerp dat we pas vrij laat zijn gaan bespreken op ons blog. Simpelweg omdat we hier nooit zo mee bezig waren. Inmiddels is het onderwerp voor ons niet meer weg te denken, want nu we weten hoe oneerlijk de kledingindustrie in elkaar zit, willen we daar geen aandeel meer aan leveren. Immers: groen en bewust leven heeft met meer dan alleen goed voor jezelf en de dieren zorgen te maken. Dat gaat ook over milieu en je medemens.

Wij begrijpen heel goed dat veel mensen dit onderwerp nog wat lastig vinden. Wij dachten eerst zelf ook dat het moeilijk zou gaan worden en dat eerlijke mode vooral heel duur zou zijn. Gelukkig zijn we erachter gekomen dat dit niet zo hoeft te zijn, en dat je ook door kleine stappen te zetten een aandeel kunt leveren. Wij droegen bijvoorbeeld altijd al graag vintage mode, omdat je hiermee gemakkelijker een eigen stijl kunt neerzetten en het ook nog eens goedkoper is. Maar inmiddels doen we nóg meer ons best om eerst iets tweedehands te kunnen kopen, omdat we geloven dat het beter is voor het milieu om niet alles nieuw te blijven kopen.

We hebben kennisgemaakt met ontzettend veel leuke merken, mensen en organisaties die zich inzetten voor een eerlijke kledingketen. Het enthousiasme en de strijdlust van deze mensen

HET
KAUF
HAUS

is aanstekelijk en het is erg fijn om te zien dat steeds meer mensen zich betrokken voelen. Los van dit alles zijn we ons veel bewuster geworden van wat we allemaal hebben. En dat bedoelen we letterlijk, maar ook figuurlijk. We hebben het hier in Nederland en België wat dat betreft zo ongelooflijk goed; dat mogen we ons best iets vaker realiseren.

KIJK OP HET LEVEN

We kunnen gerust zeggen dat onze kijk op het leven is veranderd. We zijn ons bewust geworden van dingen waarover we een paar jaar geleden nog niet nadachten. Zo hebben we ons een paar jaar geleden nooit zo gerealiseerd dat je iedere dag stemt met je portemonnee. Jij bepaalt waar je je geld aan wilt uitgeven en daarmee geef je indirect aan waar je idealen liggen. Dat brengt verantwoordelijkheid met zich mee. Zonder activistisch te hoeven worden (wat natuurlijk wel kan en mag, als je dat prettig vindt), kun je aan de buitenwereld laten zien waar je voor staat.

Wij hebben de afgelopen jaren ontzettend veel geleerd, geprobeerd en ontdekt. We hebben inspirerende mensen leren kennen en veel van hen geleerd. En bovenal hebben we ons best gedaan onze lezers mee te nemen in onze zoektocht naar de groene lifestyle die bij ons past. We worden erg blij van het idee dat we mensen inspireren om eens een avondje vegan te koken. En als we horen dat onze lezers onze favoriete adressen bezoeken en die net zo leuk vinden als wij, dan is onze hele dag weer goed. We hopen van harte dat we met ons blog en boek mogen laten zien dat groen leven absoluut geen opgave is!

Het idee dat er nog heel veel te leren is, maakt ons alleen maar enthousiast. We zijn erg benieuwd waar we volgend jaar staan, of over vijf jaar. Eén ding is zeker: de groene lifestyle is voor ons een enorme verrijking van het leven en we zouden dit nooit meer willen loslaten.

FUN
SPORT

POLAROID
SX-70 LAND CAMERA

BEDANKT!

Uitgeverij Brandt, bedankt voor het vertrouwen. **Juliët**, jij benaderde ons een jaar of twee geleden al, toen wij nog niet zo zeker wisten of we wel een boek wilden maken. We hadden geen idee of er iémand op zat te wachten, dus we hielden de boot nog eventjes af. Twee jaar later had jij nog net zoveel vertrouwen in een Groene-Meisjesboek en dat betekende veel voor ons. Zonder jou was dit boek er waarschijnlijk niet geweest. **Paul**, **Cathelijne** en **Annemiek**, dank voor jullie hulp en alle goede adviezen!

Naomi en **Aline**, niet alleen bedankt voor de geweldige vormgeving en de prachtige foto's - ook bedankt voor het feit dat we maanden lang een fantastisch team waren met z'n viertjes. We hebben van het hele proces genoten en we zijn al een beetje bang voor het zwarte gat dat komt als straks alles achter de rug is. Gelukkig hebben we nog voldoende plannen voor de toekomst (en als we jullie missen kunnen we altijd nog onze duizenden Whatsapp-gesprekken teruglezen)!

Tess en **Milou** van Petit Village (Nijmegen) en **Marloes** van het Kaufhaus (Amsterdam), dankjewel voor jullie hulp bij de styling tijdens onze fotoshoots op locatie!

Vrienden en familie, dank voor jullie support en begrip. Dankjewel voor het aandragen van ideeën en voor de peptalks als we het even niet meer zagen zitten. Soms is het voor ons nog best wel onwerkelijk om te bedenken dat we vier jaar geleden begonnen met een onschuldige hobby en dat De Groene Meisjes nu zo'n groot onderdeel van ons leven uitmaakt. Dat moet voor jullie ook wel eens gek zijn geweest, maar we weten ook dat we op jullie steun kunnen rekenen. Dankjewel daarvoor!

Tot slot willen we **de bezoekers** van De Groene Meisjes in het zonnetje zetten. Al vier jaar lang maken jullie ons dagelijks blij met jullie berichtjes, tweets, reacties op Instagram en de comments op ons blog. Het is geweldig om op deze manier met zoveel groene meisjes en jongens in contact te komen. Ook zijn we jullie erg dankbaar voor alle support die jullie ons geven; het betekent de wereld voor ons. Dankjewel dus voor het lezen van ons blog en wat geweldig dat je nu ook nog ons boek hebt gelezen! We hopen nog jaren met jullie in contact te mogen blijven.

GROENE TIPS OP EEN RIJ

INFORMATIE

BOEKEN

Crazy Sexy Diet - Kris Carr

Dieren Eten - Jonathan Safran Foer

Skinny Bitch - Rory Freedman & Kim Barnouin

Skin Cleanse - Adina Grigore

Talking Dress - Marijke Eyskoot

The China Study - T. Colin Campbell

The Starch Solution - John McDougall

WEBSITES & APPS

Budgetbytes.com

Naoki.nl - dierproefvrije cosmetica

Schonekleren.nl - Schone Kleren Campagne

APPS

Beat the Microbead

DOCUMENTAIRES

Blackfish

Cowspiracy

Earthlings

Fat, Sick and Nearly Dead

Forks Over Knives

Slag om de klerewereld

The Cove

The End Of The Line

The True Cost

WINKELS

VINTAGE INTERIEUR

De Kringloper - Naarden

Dorcas - Aalsmeer

IJ-hallen - Amsterdam Noord

Noppes - Zaandam

Omrin Estafette - St. Anna Parochie

Opnieuw & co - Mortsel, Belgie

Petit Village - Nijmegen

VINTAGE & EERLIJKE MODE

Charlie & Mary - Amsterdam

Doortje Vintage - Eindhoven

Geitenwollenwinkel - Amsterdam

Het Kaufhaus - Amsterdam

LENA the fashion library - Amsterdam

Mhoom - Amsterdam

T2 - Gent, Antwerpen, Brussel, Leuven, Brugge, Aalst & Kortrijk

Today is a good day - Antwerpen

WEBSHOPS

www.biggreensmile.nl

www.deargoods.de

www.supergoods.be

www.watmooi.nl

MERKEN

COSMETICA

Dr. Bronner's
Kure Bazaar
Lola Barcelona
Lush
MÁDARA
Zoya

SCHOONMAAKMIDDELEN

Ecover
Method
Seepje

KLEDINGMERKEN

ARMEDANGELS
Nurmi
PeopleTree
Studio Jux
Wunderwerk

SCHOENEN

Converse
Dr. Martens
Melissa
Native Shoes
TOMS
Vans

TASSEN

Dear Goods
Denise Roobol
Freitag
Matt & Nat

DIENSTEN

DELEN

Airbnb
BlaBlaCar
Car2Go
GreenWheels
Peerby
Wimdu

REIZEN

BookDifferent
Green Key
Green Seat
Happy Cow
Trip4Real

GROENE STEDENTRIPS

Amsterdam
Antwerpen
Den Haag
Berlijn
Gent
Groningen
Hamburg
Kopenhagen
Leipzig
Londen
Munchen
Parijs
Rotterdam
Zurich

REGISTER

OVER DE AUTEURS

Jamie van Zijl (24) en **Merel Wildschut** (29) startten in 2011 het blog De Groene Meisjes. Wat begon als een hobby, ontwikkelde zich binnen enkele jaren tot een fulltime baan. Inmiddels weten De Groene Meisjes iedere maand ruim 130.000 unieke bezoekers aan zich te binden en groeit hun blog met de dag.

www.degroenemeisjes.nl

@degroenemeisjes

De Groene Meisjes

@jamiegroenemeisjes & @merelgroenemeisjes